季節ごとに楽しめる
自家製のススメ

北陸の漬けもの

監修 北村綾子

漬けものは味の「ふるさと」

漬けものは日本人にとって味の「ふるさと」であり、食の原点と言える存在ではないでしょうか。

例えば、北陸を代表する漬けもののひとつに、真っ白なかぶらにしっとりと光る薄紅色のブリを挟む「かぶらずし」があります。かぶらとこうじの見事な味わいは、ふるさとの気候、風土が生み育てたものです。

近年、食生活の多様化や健康への配慮から、塩辛い物は敬遠されがちです。しかし、米を主食とする日本人にとって熱々のご飯とみそ汁、漬けものは基本の組み合わせです。素晴らしいご馳走が出る宴会のような場で、最後に漬けものを食べてほっとしたことはないでしょうか。漬けものは食事の中でも大事なアクセントになっていると思います。

核家族化が進み、女性も外で働く時代に手作りの漬けものを日々の食卓に求めることは、ある意味で**最高のぜいたく**でしょう。しかし、食べる時期（時間）に合わせた漬け込み期間（時間）を知り、塩加減の基本さえ身につければ、初めての人でも漬けもの作りは**難しくありません**。日々の食卓が楽しく温かみのあるものになるよう本書では、忙しい人でも簡単にできる即席漬けや早漬け、漬けものを使ったサラダや酒のつまみなどを紹介しています。本書を読んで漬けもの作りに挑戦して加賀野菜など**旬の素材のおいしさ**を引き出し、四季の味の移ろいを感じていただければ幸いです。

二〇〇九年十一月

北村　綾子

目　次

漬けものは味の「ふるさと」 …… 2

【春の漬けもの】

桜の花の塩漬け …… 14
桜の葉の塩漬け …… 15
ウドとラディッシュの酢漬け …… 16
ウドの甘酢漬け …… 17
ウドとキュウリのからし漬け …… 18
ウドのからしみそ漬け …… 18
ウドとミョウガ、ピーマンの一夜漬け …… 19
ウドの真砂漬け …… 20
ウドの酒粕漬け …… 20

ウドとサヤエンドウの酒塩漬け …… 21
からし菜の塩漬け …… 22
てんば漬け …… 23
ひと手間 てんばおくもじ …… 23
グリーンアスパラガスとラディッシュの塩漬け …… 24
グリーンアスパラガスのカレー漬け …… 25
小カブ、キュウリと菜の花の一夜漬け …… 26
セロリの粕漬け …… 27
セロリのしょうゆ漬け …… 28

セロリのゴマみそ漬け …… 29
セロリとピーマン、シソの実漬け …… 30
菜の花の一夜みそ漬け …… 30
菜の花のゴマ漬け …… 31
菜の花の塩漬け …… 32
ニンジンの酢漬け …… 33
根ミツバの即席酢漬け …… 33
ラディッシュの甘酢漬け …… 34
ワサビの粕漬け …… 35
ワサビのみそ漬け …… 36
ゼンマイの塩漬け …… 36
コゴミの塩漬け …… 37
タケノコの塩漬け …… 38

タケノコの土佐じょうゆ漬け …… 39
タケノコとワカメの甘酢漬け …… 40
根曲がりダケの塩漬け …… 41
フキの甘酢漬け …… 42
フキのぬか漬け …… 43
フキの塩漬け …… 44
タラノメの塩漬け …… 45
ヤマウドの塩漬け …… 45
フキノトウのしょうゆ漬け …… 46
フキノトウの塩漬け …… 47
ワラビの塩漬け …… 48
ワラビのぬか漬け …… 49
漬けものの種類と塩の量の目安 …… 50

【夏の漬けもの】

ぬかみそ漬け【ぬか床の作り方】 …… 52

梅漬け …… 54

梅干し……55
減塩梅干し漬け……56
小梅のカリカリ漬け……57
青梅のシロップ漬け……58
青梅の粕漬け……59
コラム① 塩の使いすぎに注意……59
カボチャのレモン漬け……60
カボチャとキュウリの塩漬け……61
キュウリの塩漬け……62
キュウリの即席キムチ……63
キュウリの松前漬け……64
金時草とキノコのいしるポン酢漬け……65
金時草とニシン、ミョウガの雪花漬け……66
シソの実のしょうゆ漬け……67
シソの実の塩漬け……68
青ジソの葉の塩漬け……69
赤ジソの葉の紅漬け……70

新ショウガの甘酢漬け……71
紅ショウガ……72
即席ショウガの甘酢漬け（ガリ）……73
ショウガの甘酢漬け（ガリ）……73
白ウリの塩漬け……74
白ウリの印籠漬け……75
白ウリの粕漬け……76
白ウリの雷干し漬け……78
白ウリの一夜みそ漬け……78
糸ウリと果物缶のレモン漬け……79
ナスの塩漬け……80
塩漬けナスのからし漬け……81
ナスの即席粕漬け……82
小ナスのこうじ漬け……83
ナスと大根のみりんじょうゆ漬け……84
ナスのからし漬け……85
大根とナスのべん漬け……85

【秋の漬けもの】

ナスなんばのみそ漬け（当座用）……86
丸ナスの浮き漬け……87
ナスと野菜の刻み漬け……88
ナスの粕みそ漬け……89
塩漬けナスのおかか漬け……90
ナス、ニンジン、キュウリの即席からし漬け……91
ひと手間 塩漬けナスのベーコン漬け……91
ニンニクのしょうゆ漬け……92
ニンニクのみそ漬け……93

枝豆とナス、ミョウガの即席漬け……93
ミョウガタケの梅酢漬け……94
ミョウガの粕漬け……95
ミョウガのみそ漬け……96
ミョウガの甘酢漬け……97
ミョウガの紅酢漬け……98
メロンの粕漬け……99
らっきょうの甘酢漬け……100

ナスの粕漬け……102
ギンナンの粕漬け……104
ギンナンのしょうゆ漬け……105
ギンナンのみそ漬け……105
矢羽根レンコンのあちゃら漬け……106

レンコンと昆布の酢じょうゆ漬け……107
レンコンの松前漬け……108
レンコンのクルミ酢漬け……109
レンコンの粕漬け2種……109
❶古代米詰めレンコンの粕漬け……110

❷加賀れんこんのあけぼの漬け …… 111

レンコンのからし漬け …… 112

レンコンの翁漬け …… 113

コラム② 覚えよう 便利な手秤 …… 113

渋柿の塩漬け …… 114

渋柿のみそ漬け …… 115

リンゴの塩漬け …… 116

シメジの酒塩漬け …… 116

雑キノコの塩漬け① …… 117

雑キノコの塩漬け② …… 117

シメジのむらさき漬け …… 118

【冬の漬けもの】

小カブの早漬け …… 120

小カブのやたら漬け …… 121

ひと手間 カブのいり漬け …… 121

小カブとキュウリの三五八漬け …… 122

小カブの甘酒漬け …… 123

かぶらずし …… 124

叩きゴボウのむらさき漬け …… 126

小松菜の塩漬け …… 127

小松菜のザーサイ漬け …… 128

シュンギクの一夜漬け …… 129

セリのみそ漬け …… 130

セリの香り漬け …… 131

浅漬け大根 …… 132

たくあん漬け …… 133

たくあん、キュウリ、シソの実漬け …… 134

干し大根のむらさき漬け …… 134

大根の霜降り漬け …… 135
大根のレモン漬け …… 135
大根とニンジンのシソの実漬け …… 136
大根ずし …… 137
大根のさくら漬け …… 138
野菜の友禅漬け …… 139
大根の昆布酢漬け …… 140
大根干しのしょうゆ漬け …… 141
大根のきざみ漬け …… 141
長イモのみそ漬け …… 142
長イモの粕漬け …… 142

【漬け方いろいろ】

即席しば漬け …… 154
キャベツのぬか漬け …… 155
野菜の吹き寄せ漬け …… 156

白菜のぬか漬け …… 143
白菜の一夜漬け（タッパー漬け）…… 144
白菜のこうじ漬け …… 145
塩漬け白菜の朝鮮漬け …… 146
白菜の朝鮮風即席漬け …… 147
白菜とベーコンの辛味漬け …… 148
コラム③ 漬け容器いろいろ …… 148
ブロッコリーの香り漬け …… 149
白菜とミョウガのもみ漬け …… 150
白菜とリンゴの塩漬け …… 151
コラム④ 材料の選び方と扱い方 …… 152

キャベツとリンゴの一夜漬け …… 156
紫キャベツの甘酢漬け …… 157
キャベツのはさみ漬け …… 158

【クッキング】

キャベツの巻き漬け ……………… 160
ザワークラウトもどき ……………… 159

もみじこのシソ巻き粕漬け ……………… 162
イワシのぬか漬け ……………… 161

花ワサビのおひたし ……………… 164
豚肉の梅シソ巻き ……………… 165
キュウリとキャベツ、干しブドウの洋酒漬け ……………… 166
キュウリと大根のドライフルーツ漬け ……………… 167
みそ漬けピーマンの塩昆布あえ ……………… 168
野沢菜とシラス干し炒飯 ……………… 169
生シイタケと枝豆のむらさき漬け ……………… 170
カブの柿和え ……………… 171
かくや ……………… 172
たくあんのだし漬け ……………… 173
たくあんとチンゲンサイの辛味いため ……………… 174
切り干し大根のキムチあえ ……………… 175

枝豆とたくあんのいためもの ……………… 176
干物入り漬けものずし ……………… 177
ザーサイの混ぜご飯 ……………… 178
豚肉と高菜漬けのいためもの ……………… 179
エノキダケのカレー甘酢漬け ……………… 180
堅豆腐のみそ漬け ……………… 181
キムチの炊き込みご飯 ……………… 182
キムチ入りクリームご飯 ……………… 183
もやしの中華風早漬け ……………… 183
イワシの梅煮 ……………… 184
モダツの柿の葉焼き ……………… 185
干しぐきの香ばし和え ……………… 186

【伝統の逸品】

四十萬谷本舗

かぶら寿し …… 188

医王山胡瓜粕漬 …… 190

金澤ぴくろす …… 191

杉の井

大根ずし …… 192

十字屋

いなだ …… 194

ぶりの味噌漬 …… 195

あきや

カタウリの奈良漬け …… 196

菱富食品工業

らっきょうの甘酢漬け …… 197

JAなんと　上平野菜山菜加工場

赤かぶの酢漬け …… 198

平村食生活改善推進協議会

赤かぶの漬けもの …… 199

【制作協力】【参考文献】 …… 200

【春の漬けもの】

厳しい寒さに耐え、雪解けを待って芽を出す山菜や春野菜。
大地の恵みを味わって、春を実感しませんか。

桜の花の塩漬け

魚や和菓子、おむすびの上に乗せるなど用途は様々。

【作り方】

1. 桜の花をざるに入れて水洗いする。
2. ざるの上に広げるようにして半日ほど日かげ干しする。
3. 花を器に入れ、塩大さじ1½〜2を振りかけて軽くまぜる。
4. 桜の葉があれば、2、3枚重ねて上を覆い、小石数個をぎっちり並べて重石にする。
5. 水が上がったら2日目ごろに水を捨てる。
6. 花を覆うだけ梅酢を入れ、花が浮かないように重石をする。
7. 1週間漬けたらざるにあけて広げ、日かげ干しにする。
8. すっかり乾いたら、残りの塩全部と混ぜる。
9. 容器に詰めて保存する。

● 桜の葉を使うと花の香りが一層よくなる。

 漬け時間 **1** 週間

【材料】

7分咲き程度の八重桜(2輪ずつ茎についたもの)…200g
塩…約80g
白梅酢(赤梅酢でもよい)…適量

桜の葉の塩漬け

塩出しした葉は熱湯にさっとくぐらせ、香りを一層、引き立たせましょう。

【作り方】

❶ 新緑のころの若く、小さいものは使わない。よく洗って水気を切る。ボールに入れ最初は10％の塩（50g）をふり、湯ざまし1カップを注ぎ、重石をして1晩置く。

❷ 水が上ってきたら20枚ずつ重ねて縦2つに折り、竹の皮を細くさいたもので束ねる。

❸ 葉が折れないで並ぶ位のかめか容器に残りの塩を底に少し振り、葉を並べ均一に塩を振る。押しぶたをして約1kg以上の重石をのせ、紙などの覆いをして冷暗所におく。

- 薄い塩水につけて塩出ししてから使う。
- 大島桜の葉がよく使われるが、手に入る葉なら何でもよい。

漬け時間 **1** カ月以上

【材料】

桜の若葉…500g
竹の皮（水につける）…適量
塩…150g

ウドとラディッシュの酢漬け

2、3時間で完成。サラダ代わりにもなる一品です。

【作り方】

1. ウドの皮をむき長さ4cm、厚さ3mmほどの短冊に切り、酢水に30分ほどつけてあく抜きをする。水気を切り塩を少し振りまぜる。
2. ラディッシュは薄い輪切りにして塩を少し振る。
3. 酢、砂糖、塩を合わせ、レモン1/2個分の絞り汁も混ぜる。
4. ここにウドとラディッシュを漬けて軽い重石をする。

ワンポイント
●酢水は水2カップに対し、酢小さじ2で作る。

 漬け時間 **2、3** 時間

【材料】

ウド…300g	酢…大さじ4
ラディッシュ…3個	砂糖…大さじ2
塩…少量	塩…小さじ1/3
	レモン…小1/2個

ウドの甘酢漬け

急ぎの時は熱い漬け汁を使うと、半日ほどで食べられます。

【作り方】

1. 水1ℓに酢小さじ2ほど（分量外）の割合で酢水を作る。
2. ウドを皮むき器で厚めに皮をむき、4cmの長さに切り①の酢水につける。その後、ざるにあけ水気を切る。
3. 次に②に酢を大さじ3と塩大さじ1を振りかけてウドによくまぶす（またウドをまな板の上に取り出して、酢と塩をすりつけてもよい）。
4. これをまた、たっぷりの水に入れて10分ほどおく。
5. 漬け汁は分量の酢、水、砂糖、塩を合わせて煮立たせ、冷ましておく。
6. ウドをざるに上げ、手早く乾いたふきんで覆い、押えて水気を取り、すぐ⑤につけ込む。

 ワンポイント ONE POINT
- 漬けた翌日から3日が食べごろ。
- 漬け汁の中に赤梅酢や紫キャベツの酢漬け汁などを加えると、美しい赤紫に染まる。
- ウドの甘酢漬けは一品料理のほか、料理のあしらいとしてもよい。

 漬け時間 **1～3日**

【材料】

中くらいの太さのウド…300g	漬け汁
酢…大さじ3	酢…3/4カップ
塩…大さじ1	水…1/4カップ
	砂糖…大さじ5
	塩…小さじ1 1/2

春

ウドとキュウリのからし漬け

酢とパセリの代わりにレモン汁とレモンの皮の千切りを混ぜれば、香りと色がさわやかに。

【作り方】
① 酢を落とした水を用意する。ウドを長さ4cmに切って皮をむき、さらに縦に薄く切って酢水にさらす。
② キュウリは洗って塩を少しすりつけ、さっと洗って長さ4cmに切り、さらに縦に薄く切る。
③ パセリの葉先は少量を洗って水気をよくふき、みじん切りにする。
④ 洋がらしを酢で溶き、砂糖としょうゆ、塩を合わせる（A）。
⑤ ウドの水気を取りキュウリと混ぜ、④を加えてさらに混ぜ、皿など重ねた軽い重石を30分ほどしてできあがる。
⑥ 器につけたら、パセリを少し振りかける。

●ウドを白く仕上げる時は厚めに皮をむくが、この皮は千切りにし、ゴボウや他の野菜ときんぴらいために使う。

 漬け時間 **30 分**

【材料】
ウド…400g
キュウリ…小2本
パセリ…1本
塩、酢…適量

A｛ 洋がらし粉…大さじ1
酢…大さじ1
塩…小さじ1½
しょうゆ…大さじ1
砂糖…小さじ2

ウドのからしみそ漬け

からしみそは材料を足して、酢みそやいためものに使えます。

【作り方】
① ウドは2つか3つに切り、皮を薄くはいで酢を少し落とした水に浸す。
② からし粉にお湯を少しずつ加え、加減を見ながらやや固めに溶いて、みりんを加える（A）。これをみそに入れて全体をよく混ぜ合わせる。
③ ラップを大きく切って広げ、その上にからしみそを平らにのばし、水気をふきとったウドを並べ、からしみそでウドを包み込む。ラップでしっかり巻いて包み、半日置いたらみそを軽く落としただけで適当に切って食べる。

●ウドが太い時は、2つ割りにして酢水につけるか、割らずに1日位漬ける。
●甘くしたい時はみりんを減らして砂糖を適当に入れる。

 漬け時間 **半 日**

【材料】
ウド…200g
みそ…120g
酢…少量

A｛ からし粉…大さじ1
お湯…大さじ1
みりん…大さじ2

ウドとミョウガ、ピーマンの一夜漬け

漬け床をうまく使って、1晩で複数のみそ漬けを作りましょう。

【作り方】
① ウドの皮をむいて4cmほどに切り、さらに薄切りにして水にさらす。ミョウガも小さいのは2つ割り、大きいのは4つ割りにして水にさらす。ピーマンは大きいのは2つ割りにしてへたと種を取って薄く切る。
② あく抜きしたウド、ミョウガはよく水分を切り、乾いたふきんでおさえて水分を取る。
③ 底の平たい器にみそを敷き、ガーゼを広げてこれらの野菜を別々に並べ、ガーゼを折り返し、上からまたみそでおさえ、ふたをする。

- 漬け床のみそがゆるくなったらみそを足したり、また火にかけねり直し、冷まして使える。
- 使ったみそはみそ汁やあえ物にも利用できる。

 漬け時間 **1晩**

【材料】
ウド、ミョウガ、ピーマン…適量
みそ…適量

ウドの真砂漬け

ゆがいたサヤエンドウやサヤインゲン、キュウリと組み合わせ彩りよく。

【作り方】
① 酢を落とした水をたっぷり用意。ウドを長さ4cmに切って皮をむき、縦に薄く切って酢水にさらす。あくが強い時は酢水を1度代え、20分ほどさらして水気を切る。
② 甘塩のタラの子を焼いて皮を取りほぐす。焼き過ぎると堅くなるので、ほぐした時に小さい塊が出来る程度がよい。
③ タラの子のにおい消しに、酒とショウガ汁を少し混ぜ、さらに酢、砂糖も混ぜる（A）。
④ ウドとタラの子を調味したものを混ぜ合わせ、30分位置いて味がなじんだら食べる。

漬け時間 **30** 分

【材料】
ウド…300g	酢…大さじ4
タラの子…1腹	酒…小さじ1　A
酢、塩…適量	砂糖…小さじ2
	ショウガ…小1かけ

● タラの子の分量はタラの子の塩味で加減する。塩味が薄過ぎる時は塩を少し補う。

ウドの酒粕漬け

漬けて2、3日後が食べごろ。白くてつやのあるウドを使いましょう。

【作り方】
① 水2ℓに塩大さじ2½位を溶かした塩水をあく出し用に準備する。
② ウドは流し箱など平らな器の長さに合わせて切り、厚めに皮をむく。これをすぐ塩水につけて2時間ほどおく。
③ ②のあく出ししたウドを乾いたふきんで水気を取る。
④ 粕を敷いた器に並べ、上からも粕をのせてしっかりおさえる。ラップでしっかり覆い、ふたをする。

漬け時間 **1〜3** 日

【材料】
ウド…400g	塩…適量
ねり粕…500g	

● ウドは白くてつやがあり、先まで同じくらいの太さのものを選ぶ。赤い斑点があったり、黒ずんでいるのは古いもので、根元の方が赤緑色のは固いので避ける。
● ねり粕は焼酎、塩、好みでは砂糖も補う。

ウドとサヤエンドウの酒塩漬け

ウドの香りも楽しめる一品。サヤインゲンと合わせてもおいしいです。

【作り方】

❶ 水1ℓに酢大さじ1の割合で混ぜた酢水を用意した後、ウドを長さ4cmに切って皮をやや厚めにむき、縦に薄く切り、すぐ酢水に漬ける。30分ほど酢水に漬け、あくで水の色が変わる時は新しい酢水に取りかえる。

❷ サヤエンドウはつるを取り、塩を少し落とした湯でゆがき、冷水にとって冷まし、広げて水気を切る。

❸ ウドの水分をよく切り、サヤエンドウと合わせ、Aの調味料とトウガラシ粉を振り、押しぶた、重石をして半日ほどおき、汁気を切って盛りつける。

 ●粉トウガラシではなく、種を取った赤トウガラシを輪切りにした物でもよい。

 漬け時間　半日

【材料】

ウド…300g
サヤエンドウ…100g
塩、酢…適量

A
塩…小さじ2
酒…小さじ2
みりん…小さじ1
粉トウガラシ…少量

からし菜の塩漬け

からし菜といえば塩漬け。しゃきっとした食感を味わいましょう。

【作り方】
① 鍋に湯を沸かす。90度位になり、鍋底がブツブツと泡立つぐらいになったら、からし菜を入れ、さっと湯に通す。
② 水分をよく切り、熱いままナイロン袋に入れ、塩を振り入れ、全体をもむようになじませる。
③ ②を袋のまま、まな板に乗せ、すりこ木で叩き、冷蔵庫に入れて4、5時間置けば食べごろとなる。

● 塩漬けは適当に切り、しょうゆをかけて食べる。

【からし菜の当座漬け】
① 塩漬けしたからし菜の水気をよく絞り、塩少々を振る。昆布とトウガラシの順に交互に漬け、重石をする。
② 1、2日ほどで辛味のほか、うま味も出て、おいしくなる。
※当座漬けとは長期保存を目的としない漬けもの。

 漬け時間 **4、5** 時間

【材料】
からし菜…2把(400ｇ)
塩…大さじ1(約4%)

てんば漬け

名前の由来は「おてんば娘」。最初の塩もみを丁寧に。

【作り方】
① 秋の終わりにふきたち菜の種をまき、3月の終わりから4月にかけて、花が咲かないうちに摘んだ新葉をよく洗って半日ほど陰干しにし、分量の塩から少し取り分けてパラパラと振り、力一杯もみ残しがないようによくもみ、青汁を捨てる。

② 漬け桶の底に塩を少し振り、①の菜を塩と交互に振り、1番上にやや多めに塩を振って中ふたをして重石をのせる。

 ワンポイント
- 冬の間食べていた浅漬け大根やたくあん漬けの後のぬかを利用して漬けてもよい。塩漬けする時、米ぬかを入れて漬ければ、ぬかの甘味が出ておいしくなる。
- 最初の塩のもみ方が悪いと重石の脇からふきたち菜が手足を出したように出たり、花も咲くことがある。

 漬け時間 **3～4カ月**

【材料】
ふきたち菜（からし菜）…20把	塩…約10%（3カ月以上おく場合）

 ひと手間

てんばおくもじ

てんば漬けの伝統的な食べ方です。

【作り方】
① 保存する期間によって塩加減も違うので、あまり塩辛くないものは洗ってそのまま細かく刻んで、ショウガじょうゆで食べてもよい。

② 塩辛い場合は、1度煮立て塩出ししてから、食べやすい長さに切り煮干しを入れ赤トウガラシを入れて、ややうす味で煮てもよい。みそや酒粕を入れて煮てもよい。

【材料】
てんば漬け…1把	赤トウガラシ…½本
水…1カップ	しょうゆ…塩の抜き加減で調味は調節する
煮干し…2～3本	

グリーンアスパラガスとラディッシュの塩漬け

酒の肴はもちろん、ご飯のおかずにもぴったり。

春

【作り方】
① アスパラガスは根元を少し切り落とし、なお堅いところは皮をむく。塩小さじ1弱を振りかけ、すり込んでから熱湯に入れ固ゆでにし、ざるに上げて水にとり冷ます。
② ラディッシュは薄い輪切りにし、少量の塩を振りかけて軽くもむ。
③ レモンの皮はそいで千切りにし、汁も絞る。
④ アスパラガスは先の柔らかいところを3cmほどのブツ切りにし、元のやや堅いところは斜め切りにする。
⑤ 全部を合わせ、残りの塩、レモン汁、洋酒を振りかけて混ぜ合わせ、やや重い重石をかけて半日ほどおく。

 ●このままでも食べられるが、しょうゆを少し振りかけてもよい。

 漬け時間 **半 日**

【材料】
グリーンアスパラガス…200g
ラディッシュ…5個
レモン…1/2個
ブランデーなど洋酒…小さじ1
塩…大さじ1 1/2

グリーンアスパラガスの カレー漬け

香辛料の香りで食欲が増します。サラダや肉料理のあしらいにもお勧め。

【作り方】
1. アスパラガスは根元の堅いところを少し切り、なお堅いところは皮をむく。
2. 熱湯に塩（分量外）を少し入れゆがき、緑色が鮮やかになったころ、たっぷりの水に入れ、手早く冷まして水気を切る。
3. ニンニクとショウガをつぶし、カレー粉はより香りの出る程度に空いりする。
4. ③とAをよく混ぜ合わせる。
5. 平らな器にアスパラガスを並べて④を全部注ぎかけ、中で汁がなじむように転がし、押しぶたと重石をする。
6. 適当な長さに切って盛りつける。

●時々、転がして1日近く置くと、香辛料の複雑な香りのおいしい漬けものになる。

漬け時間 **1** 日

【材料】

グリーンアスパラガス…10本	しょうゆ…小さじ2
ニンニク…1かけ	砂糖…小さじ2
ショウガ…1かけ	A 水…大さじ3
カレー粉…小さじ1	酒…大さじ1
	塩…小さじ1

小カブ、キュウリと菜の花の一夜漬け

塩漬けにした冷凍菜の花にカブとキュウリを合わせるお手軽な一品。

【作り方】

1. 菜の花は束ねてある根元の方を少し切り落とす。塩を落とした熱湯に、茎の方を先に少し入れてから全体をくぐらせ、すぐ水に取って冷まし、水の中でざっとそろえてから2つ位に切り、よく水気を切る（春に出回った物を冷凍しておくと、いつでも使える）。
2. 小カブは皮をむいて半月形に薄く切る。キュウリは小口から薄く切る。
3. ショウガをみじん切りにし、①と②も合わせ、塩とみりんを振りかけて軽くもみ合わせる。
4. 押しぶたと重石をして一昼夜ほど漬け、汁気を切って盛りつける。
5. 食べる時は少ししょうゆをかけて食べる。

ワンポイント ONE POINT ●塩漬けにした菜の花を冷凍すれば長持ちするので、一部取り出して自然解凍し、カブやキュウリと混ぜ、この塩味で漬けるとよい。塩が強すぎるときは、菜の花を少し塩抜きして用いる。

 漬け時間 **1** 昼夜

【材料】

菜の花…150ｇ
小カブ…5個
キュウリ…1本
塩…適量

ショウガ…1かけ
みりん…大さじ1
塩…小さじ1/2

セロリの粕漬け

セロリ特有の香りと食感を粕漬けにして味わいましょう。

【作り方】
1. 塩水を煮立て冷ましておく。セロリは筋を取り容器に合わせて長く切り、塩水に漬け、押しぶたと軽く重石をして4、5日は置く。
2. 酒粕に砂糖を入れ、みりんを加えてゆるめる。ねり粕の固さにより加減する。
3. セロリの水気を切り、長いまま粕漬けにする。
4. 1カ月で食べられるが、下漬けが十分でないので長保ちはしない。

ワンポイント ONE POINT
- 生のセロリを直接酒粕に漬け込む時、酒粕の量はセロリの目方と同量から1.5倍にする。また、この時、塩の量はセロリの目方と酒粕の目方を加えたものの2％ほどにする。
- 水分が出てくるので粕床をゆるめ過ぎないようにする。塩漬けをしておいた方が長保ちする。

漬け時間 **1** カ月

【材料】
セロリの茎…500g	酒粕…300g
塩…大さじ2	砂糖…50g
水…1½カップ	みりん…少量

春

セロリのしょうゆ漬け

4日ほど漬ければ食べごろ。漬け汁は煮返して再使用できますよ。

【作り方】
① セロリは1本ずつ外し、葉を切り落とす。外側の太い茎は適宜そぐように切る。
② 調味料を合わせて一煮立ちさせて冷ます。
③ セロリは長いまま斜めにそぎ落とし、ホーロー引きのバットなどに、全部ぎっしり詰める。
④ 冷めた漬け汁をかけ、同じ大きさのバットを重ねるなどして浮かない程度に重石をする。

● 次第に水分が出て身がしまり、また味が濃くなるので1カ月で食べ切るようにする。

 漬け時間 **4**日

【材料】
葉を落としたセロリ…1kg
しょうゆ…1カップ
砂糖…1/3カップ
酒…大さじ3

セロリのゴマみそ漬け

セロリのさっぱりとした味わいにゴマの香ばしい風味を加えましょう。

【作り方】
1. セロリは葉を取り、筋をそぎ取って斜め切りにする。
2. 白ゴマは香ばしくいって、ふきんか紙の上で刻む。
3. ②とみそ、砂糖を混ぜ合わせ、これにセロリをまぶすように合わせる。
4. 容器に入れて上を平らにならし、ラップでしっかりと覆い、半日ほどおく。
5. みそをつけたまま盛りつける。

●サラダに使う生のものを日持ちさせるために漬けもの風にすると、生と違った味覚になる。

 漬け時間　半 日

【材料】
セロリ…5本　　みそ…100g
白ゴマ…大さじ5　砂糖…大さじ4

セロリとピーマン、シソの実漬け

シソの実のしょうゆ漬けを上手に使った一品です。

【作り方】
①セロリは小枝や葉を除いて筋を取り、斜め切りにして水にさらす。
②ピーマンは2つ割りにしてへたと種を取り、細く切る。
③しょうゆ漬けのシソの実はよく汁気を切る。
④①と②を合わせて分量の塩を振り、全体をよく混ぜ合わせたら③を振り込み、酒を振って混ぜ、皿などで押しぶたと重石をして半日ほどおいて盛りつける。

●それぞれの持つ特有の香りが調和し、おいしい漬けものになる。
●シソの実のしょうゆ漬けは67ページ参照。

 漬け時間　半日

【材料】
セロリ…3本
ピーマン…1個
シソの実のしょうゆ漬け
　…大さじ2
酒…大さじ1
塩…小さじ1弱

春

菜の花の一夜みそ漬け

1晩で漬かりますが、3、4日までが食べごろ。

【作り方】
①市販の菜の花で束ねて紙で巻いてあるものは、そのまま堅い部分を少し切り落として使う。束ねてないものは指先でつまみ折れる部分から先を使う。
②熱湯に塩（分量外）を少量入れ、固めにゆでて水に取り、冷ましたらざるに上げて水気を切る。ふきんで押えて水気をさらによく取る。
③からし粉は少量のお湯で溶く。
④③に辛味が出たら、みそと砂糖を加え、酒を加減して入れよく練る。
⑤底が平たく、また菜の花がそのまま入る容器の底にみそを敷き、ガーゼを広げて菜の花を並べ、上にみそ床をのせ、ガーゼが大きければ、前に敷いたガーゼを折ってその上に敷き、菜の花を並べる。これを繰り返し、1番上に多めにみそを平らにのせ、しっかりとふたを閉める。

 漬け時間　1晩（3、4日間でも可）

【材料】
菜の花…200g
甘口みそ…200g
からし粉…小さじ2
酒…大さじ1位
砂糖…大さじ5
　　　少量

●3cmほどの長さに切って盛りつける。

30

菜の花のゴマ漬け

ゴマの香りが菜の花と合って食欲をそそります。

【作り方】
① 塩漬けの菜の花(→P.32)を水に漬け、少し塩抜きをして水気を切る。
② ピーマンはへたと種をとって2つ割とし、塩を少量落とした熱湯にくぐらせ、鮮やかな緑色になったら水で冷まし、小口から薄く切る。
③ 菜の花、ピーマン、ゴマと酒、しょうゆを全部合わせて混ぜ、軽く皿などで押しぶたをし、30分ほどして味がなじんだら食べる。

 ●白ゴマは香ばしくいって、粗ずりにする。

 漬け時間 **30** 分

【材料】
塩漬け菜の花 …150g
ピーマン…1個
白ゴマ…大さじ1½
酒…大さじ1
しょうゆ…小さじ½
塩…少量

菜の花の塩漬け

料理のあしらいや、ほかの漬けものと組み合わせるとより美しくなりますよ。

【作り方】

① 菜の花は束ねてあるまま、柄の方を2cmほど切ってほぐし、水洗いしてざるに上げ、水を切る。
② 容器に菜の花を並べ、塩大さじ1を振りかけて600gほど重石をする。
③ 半日余りで水が上がる。この水はあくが多いので全部捨てる。
④ 菜の花に塩小さじ1を少量振りかけ、軽く重石をする。
⑤ 翌日から食べられ、漬けて1週間が色も美しい。冷蔵庫に入れた方がよい。
⑥ 2度漬けするときは、好みで砂糖小さじ1を入れてもよい。

ワンポイント ONE POINT
● 菜の花漬けをさ湯や薄めのせん茶に用いるときは、花穂だけ2、3cmに切ったのを1、2本茶わんに入れ、湯茶を注ぐ。
● 菜の花はなるべくつぼみの多いものを使う。

 漬け時間 1日

【材料】
菜の花 …2束(約400g)
塩… 大さじ1 / 小さじ1

ニンジンの酢漬け

2カ月以上漬ければ味がなじみ、色もべっ甲色になります。

【作り方】
① ニンジンの皮を薄くむき、保存用のびんに合わせた長さに切る。太いところは縦に4つ割りにする。
② ニンジンをすり鉢などに入れ、塩大さじ2を振りかけ、重石をして1晩、下漬けする。
③ 取り出したら、ざるに入れて半日、日かげ干しにする。
④ ざらめ、酢、しょうゆを一煮立ちさせて冷ましておく。
⑤ びんにニンジンを立てて詰め、赤トウガラシを1本入れ、漬け汁を注ぎ込んで密閉する。

ワンポイント ONE POINT
● このまま切って食べるほか、他の漬けものや料理に取り合わせるのもよい。

 漬け時間　**2** カ月

【材料】
ニンジン…600g
塩…大さじ2
赤ざらめ…大さじ5
酢…1カップ
しょうゆ…大さじ1
赤トウガラシ…1本

根ミツバの即席酢漬け

簡単に作ることができます。シャキシャキとした食感を楽しみましょう。

【作り方】
① 根ミツバはわらで2束に束ね直し、根は切り落とす。
② 熱湯にさっとくぐらせて、すぐざるに取り、水をかけて冷ましておく。
③ 酢、しょうゆ、みりん、塩1つまみを煮立てて冷ます（A）。
④ 乾いたふきんに挟んで水気を取った根ミツバを、スープ皿などに丸くしておき、漬け汁をかけ、皿などで軽くおさえておく。
⑤ 30分もすれば味がなじんでくる。
⑥ 3、4cmの長さに切って盛り付ける。

ワンポイント ONE POINT
● 2、3日漬けておいても風味はよいが、緑色が酢で退色し色は悪くなる。
● 白ゴマをふると、さらに風味が増す。

 漬け時間　約 **30** 分

【材料】
根ミツバ…4束(200g)
A｜酢…大さじ2
　｜しょうゆ…大さじ2
　｜みりん…大さじ2
　｜塩…少量

ラディッシュの甘酢漬け

肉や魚を焼いた料理の付け合わせにもお勧め。

【作り方】
1. ラディッシュは葉を元から切り落とし、2つ割りにする。塩小さじ2を振りかけ、よくまぶして2時間ほどおく。
2. レモンの皮は粗い千切りにする。
3. 砂糖と酢、塩小さじ1を一煮立ちさせて冷まし、レモン汁とレモンの皮を入れる（A）。
4. ラディッシュはふきんで水気をふいて容器に入れ、甘酢をかけて半日ほど押しぶたと重石をする。

● 半日で食べられるが2、3日つけておいた方がおいしくなる。

 漬け時間 **半日～3日**

【材料】
ラディッシュ…30個
塩…小さじ2

A
- 砂糖…大さじ5
- 酢…3/4カップ
- 塩…小さじ1
- レモンの皮…少量
- レモン汁…大さじ2

ワサビの粕漬け

ワサビの辛味と粕漬け独特の風味を楽しみましょう。

【作り方】

1. きれいに洗ったワサビを包丁で刻む。すり鉢などに入れて、塩大さじ1を振りかけ、丁寧にもむ。(すり鉢でした方が辛味が出やすい)
2. 次に①をたっぷりの水の中でよくかき混ぜ、塩とあくを抜き、ざるに上げて水気を切る。さらに乾いたふきんに少しずつ包んで絞るようにして十分に水気を取る。
3. 漬け床はねり粕とAの調味料を全部合わせ、こねるようにして風味を均一にする。
4. この中に②を混ぜ込み、上を平らにしてラップを密着させ、押しぶたと軽い重石をのせ、上ぶたをし、セロテープなどで密封し、厚紙などで覆ってひもで結わえる。
5. 1週間ほどで食べられるが、よく漬かるには2週間くらいかかる。

漬け時間 **1、2** 週間

【材料】

ワサビ…500g	みりん…大さじ2
塩…大さじ1	焼酎…小さじ2
ねり粕…250g	砂糖…大さじ2
	塩…小さじ1½

(右列はA)

ワンポイント ONE POINT
● あまり長くおくとワサビの風味が抜けるので、1カ月以内には食べ切るようにする。夏は冷蔵庫で保存する。

春

35

ワサビのみそ漬け

ツーンと辛いみそ漬け。温かいご飯とどうぞ。

【作り方】
❶ きれいに水洗いしたワサビを刻み、水の中でよく洗って水気を切る。さらに乾いたふきんに包んで絞るようにして水分を取る。
❷ みそと砂糖をよく混ぜ合わせた中に漬け込み、ラップを密着させて上ぶたをし、紙で覆ってひもで密封する。
❸ みそ漬けの場合は押しぶたと重石はいらない。
❹ 1週間後から食べ始める。長期保存できるが、やはり風味や辛味がなくなってくるので、1カ月以内に食べ切るようにする。

漬け時間 **1週間**

【材料】
ワサビ…300g　　砂糖…大さじ3
みそ…120g

ワンポイント ONE POINT
● みそに10%くらいの水あめを加え、火にかけてねり上げ、冷まして漬けてもよい。
● 刻んだワサビをみそや粕に漬ける時は、ガーゼに包んで漬けると取り出しやすい。

春

ゼンマイの塩漬け

旬の山菜は上手に漬けて、保存食にしましょう。

【作り方】
❶ 塩600gを用意し、容器の底に塩を敷き、水気を切ったゼンマイをぎっしり並べて塩を振る。これを繰り返し、1番上は塩を多めにして、笹か竹の皮でおおいをする。押しぶたと6kgほどの重石をする。
❷ 水が上がって1カ月ほど経ったら、ゼンマイを軽くもみ洗いして水気を切る。容器もきれいにして塩300gでつける。半日ほど経ったら材料も容器も洗い、残りの塩300gでつけ、冬までそのままにしておく。

漬け時間 **半年**

【材料】
ゼンマイ…4kg
笹（もしくは竹）の皮…適量
塩…1.2kg

● 漬け直すたびに容器をきれいに洗うこと。

コゴミの塩漬け

山菜特有の風味を楽しみましょう。

【作り方】
1. たっぷりのお湯を煮立て、重曹を少量入れる。コゴミをゆがいて水にさらし、冷ましてよく水気を切る。
2. 塩を振って漬け、押しぶたと軽い重石をする。
3. あらかじめ差し水として、水で塩を煮溶かし、冷めたのを注ぎ込む。材料が浮かないよう重石を調節する。

- 空きびんなどに漬けるときは、口元まで食塩水を入れる。
- 塩の量は材料の20％ほどだが、長期保存するときは25％ほどにする。

 漬け時間　**半月**

【材料】
コゴミ…500g
重曹…少量
塩…100g
差し水…1カップ
差し水用の塩…30g

【コゴミの塩抜き】
◆ 煮立っている湯でゆがき、すぐ水にさらす。
◆ 料理によって塩抜きの程度は加減する。

【コゴミのみりんじょうゆかけ】
① 塩抜きしたコゴミにみりんじょうゆをかけ、糸がつおを多めにのせる。

【コゴミの白あえ】
① コゴミは塩抜きして薄い味にし、水気を切る。
② 豆腐をゆがいてふきんで軽く絞る。
③ むきグルミ適量を熱湯にくぐらせ、薄皮をようじなどを使ってきれいに取る。粗く刻んでから、よくすりつぶし、豆腐と合わせてさらによくすり、砂糖や塩と化学調味料を少量、みりん少量で味をつけてあえる。

タケノコの塩漬け

使う時はたっぷりの熱湯でゆで、水につけて塩出しをしてから他の調味料で味付けしましょう。

【作り方】

1. 皮をむいたタケノコを5cmの輪切りにし、先の細いところは7〜8cmの長さに切る。または先の方は7〜8cmの輪切りにし、太いところは2つ割にして10cmほどの長さに切ってもよい。
2. 沸騰したお湯に入れ、ゆで上げたタケノコはざるに取ってそのまま冷ましておく。ゆで湯でむいたタケノコの皮は、再びゆでて冷ましておく。
3. 差し水用に水1ℓに塩100gを加え、よくかき混ぜてできるだけ塩をとかす。
4. タケノコに400gの塩を振り込んで漬け終わったら、ゆでて冷ましたタケノコの皮を並べて表面を覆い、上に塩の残り100gを振り、押しぶたをしてタケノコの1.5倍の重石をのせる。
5. 差し水は縁を伝わらせるように周りから全部流し込む。

ワンポイント
- この漬け方では塩分が30％にもなっているので、長期の保存に耐える。塩分が少ないとぬめりが出たり、カビが出る。また香りも失われやすくなる。

漬け時間 約 **1** カ月

【材料】
皮をむいたタケノコ …1kg
塩…500g

差し水
水…1ℓ
塩…100g

春

タケノコの土佐じょうゆ漬け

うま味をつけた合わせじょうゆでタケノコをさらにおいしく。

【作り方】

1. タケノコは水気をふき取り、食べやすい大きさに薄切りにする。容器に入れ、削りがつおを振り込んでよく混ぜる。
2. Aの調味料と水を合わせて一煮立ちさせ、注ぎ込む。
3. 平均に味がしみ込むように、ときどき混ぜて半日ほど漬けておく。

ワンポイント ONE POINT
●香辛料を使うときは、タケノコとかつおの風味を生かすように、香りのないトウガラシを使う。

 漬け時間 **半日**

【材料】

ゆでタケノコ…500g
削りがつお…3g

A
- しょうゆ…1/2 カップ
- 砂糖…大さじ2〜3
- 酒…大さじ2
- 塩…小さじ1/2

水…1 カップ

タケノコとワカメの甘酢漬け

タケノコといえば煮物が一般的ですが、さっぱりとした漬ものもお勧めです。

【作り方】
1. 塩漬けタケノコ(→P.38)を使う場合は、1度ゆでて塩抜きをする。
2. 長さ4cmほどに薄く切り、ざるに広げて水気をよく切っておく。
3. ワカメも1度熱湯をくぐらせ、ざるに取り水気をよく切り、冷ましてからざく切りにする。②と一緒に漬ける容器に入れる。
4. 赤トウガラシはへたを取り、種を抜いて薄く輪切りにする。
5. Aの調味料と水1/2カップを全部合わせて一煮立ちさせ、熱いうちに③に注ぎ、赤トウガラシを散らし、押しぶたと重石をし、上ぶたをする。
6. 3、4日漬けて味がしみ込んだら食べる。

● 市販のゆでタケノコを使う場合も、1度ゆで直して、水につけて冷ます。

 漬け時間 **3、4日**

【材料】
ゆでタケノコ…300g
生ワカメ…20g
赤トウガラシ…1本

A
酢…3/4カップ
みりん…大さじ2
砂糖…大さじ4
塩…小さじ1 1/2

水…1/2カップ

根曲がりダケの塩漬け

漬け液に白梅酢を入れ、タケノコが黒くならないようにしましょう。

【作り方】
1. タケノコの先を少し斜めに切り落とし、縦に包丁を1本入れる。
2. ①の切り込みから両側に開いて身を取りだす。
3. たっぷりの熱湯で柔らかくなるまでゆでる。
4. 差し水の材料を合わせておく。
5. タケノコに振り塩をして漬け込み、押しぶたと重石をする。
6. 差し水を入れてタケノコが漬け液の中によく漬かるようにして保存する。

 漬け時間 2 週間

【材料】
皮をむいたタケノコ…1kg	差し水…0.7ℓ
塩…150g	差し水用の塩…150g
	差し水用の白梅酢…0.1ℓ
	（またはクエン酸…5g）

- 最初にゆでるときに、重曹を水の量の0.5％ほど入れてもよい。ゆでたらよく水洗いする。
- 漬け液に白梅酢を入れるのは、タケノコが黒くならないようにするためである。

【塩漬けタケノコの塩抜き】
- たっぷりの熱湯でゆがいて水につける。
- あえものなどに使うときは、薄く塩味が残っている程度に塩抜きをする。

【塩抜き後の簡単あえもの】
1. 塩抜きした根曲がりダケを斜めに薄く切る。
2. 塩抜きしたヤマウドを長さ3cmに切る。
3. マヨネーズであえる。
4. 天盛りにミョウガタケの紅酢漬けを少量のせる。

【根曲がりダケの山菜料理】
1. 塩抜きした根曲がりダケを斜めに薄く切る。
2. 塩抜きしたタラノメ少量を長さ3cmに切る。
3. 水に戻した干しシイタケをしょうゆ、砂糖、戻し水で薄味に煮て汁気を切り、千切りにする。
4. ねり粕を合わせた材料の目方の1/5ほどに砂糖、塩少量で味つけして材料をあえる。

※塩抜きするとき、少し塩気がある程度にする。

フキの甘酢漬け

料理のつけ合わせや、一品料理としてどうぞ。

【作り方】
① 葉を切り落としたフキは根元の方も少し落とし、鍋に入る長さに切り、ぬれているところに塩をすりつける。そのままたっぷりの熱湯でゆで水に取って冷ます。
② 冷めたら皮をむき、長さ4cmに切りそろえ、漬ける容器に入れる。
③ Aの調味料を合わせてさっと煮立て、上からかけて全体を平らにならす。
④ 押しぶたと重石をのせて1日ほどおいて食べる。2、3日で食べ切るようにする。

● フキの風味を生かしたいので、ゆで過ぎないように。香辛料を使うときは香りのない赤トウガラシを使う。
● 固ゆで卵のうらごしをかけ、塩を少量か甘酢を振りかけると色どりも味わいもよくなる。

 漬け時間 **1日**

【材料】
フキ…350g
塩…適量

A
- 酢…1/2カップ
- だし汁(水)…大さじ3
- 砂糖…大さじ5
- 酒…大さじ1
- 塩…小さじ1
- しょうゆ…小さじ1/2

春

フキのぬか漬け

ぬか漬けの塩気を少し抜き、刻んでそのまま食卓に出すのもお勧め。

【作り方】
1. フキは皮をむき、3cmほどの長さに切り、すぐ水につける。切り終わったら約2時間、水にさらしてざるに取る。
2. 塩と米ぬかをよく混ぜ合わせ、漬ける容器に入れる。
3. 水の切れたフキをふきんに少しずつ包み、水気を取って②の中にまぶす。
4. フキを全部米ぬかにまぶしたら、表面を平らにならし、先にむいておいたフキの皮を上にのせて覆う。
5. 押しぶたをし、フキの目方の1.5倍の重石をのせる。

- フキの皮で上部を覆うとカビが発生しない。
- 米ぬかで漬けると最初フキがあくで汚い赤色になるが、やがてあくが抜けて色も風味もよい漬けものになる。
- 塩出しの仕方は、ざるなどに入れて手早くぬかを洗い落とし、水気を切り、熱湯に入れてゆでる。熱湯でゆでずに水につけておくと固くなる。
- 塩気が適当に残っているところで、他の材料と組み合わせて味をととのえたり、甘酢漬けにしたりする。

 漬け時間 **4、5日**

【材料】
フキ…4kg　　塩…1.5kg
米ぬか…1kg

フキの塩漬け

適度に塩抜きをして煮物や酢の物などに。

【作り方】

❶ 葉を切り落したフキ約1kgは漬け込む器に、またはゆがく大鍋に合わせた長さに切り、水洗いする。ぬれているフキをまな板に取り、塩1/2カップ分を振って転がし、まぶす。1本ずつ塩をたっぷりすり込んでもよい。

❷ 次に①をたっぷりの熱湯でゆがいて水に浸し、冷めたら皮をむいてすぐ水につけ、全体の皮がむけてから約20分水にさらす。フキを縦にしてよく水気を切る。

❸ 塩3/4カップと焼きミョウバン小さじ1をよくまぜ合わせ、漬ける容器の底に塩を少し広げてフキを並べ、塩を振る。1番上に塩が多めになるように全部塩を振り、ラップで覆う。

❹ 押しぶたをし、フキの重さの1.2倍ほどの重石をのせ、水が上がってもそのままにし、使う時に水気を切る。2週間ほどで食べられる。

漬け時間 **2** 週間

【材料】

葉を切り落としたフキ…1kg	塩…3/4カップ
塩…1/2カップ	焼きミョウバン…小さじ1

ワンポイント ONE POINT

● 1年ほど保存したいときは、塩の量をフキの目方の25％にする。(ここでは約15％)

● 塩出しするときは水につけて漬けものの下漬け程度（塩約3％）まで塩を抜き、よく水気を取ってからみそ漬け、粕漬け、ぬかみそ漬けにする。

● フキを砂糖漬けにするときは、完全に塩抜きをしてフキ400g当たり砂糖100gの割合にする。

タラノメの塩漬け

塩抜きをしてゴマみそや酢みそあえ、マヨネーズあえなどにするとおいしいですよ。

【作り方】
1. タラノメを洗って水気を切り、分量の塩で漬ける。押しぶたと軽い重石をする。
2. 差し水は、水と塩を混ぜて煮溶かし冷ましておく。
3. 次に①に差し水を注ぎ込み、タラノメが隠れるように重石を加減し、冷暗所に保存する。

● タラノメの塩抜きはゆでた後、すぐ冷水にとってさらし、塩抜きをすること。

 漬け時間 **2、3** 日

【材料】
タラノメ…500ｇ　　差し水…1カップ
塩…75ｇ～100ｇ　　差し水用の塩…30ｇ

ヤマウドの塩漬け

ヤマウドの野趣あふれる味わいを漬けものに。

【作り方】
1. きれいに洗ったヤマウドをざるに上げて半日、水切りし、底に塩を振った容器に根元と葉先を交互にして並べる。塩を振ってはまたウドを並べる。塩の量は上の方に多く振る。
2. 笹の葉か竹の皮があれば、ウドが見えないようにかぶせる。ないときはビニールでもよい。
3. 押しぶたと、重石は3ｋｇほどの重いものをのせ、水が上がったら半分くらいにする。上から包装紙かビニールなどで覆ってほこりが入らないようにしてひもで結わえる。

 漬け時間 **4、5** カ月

【材料】
ヤマウド…1ｋｇ　　　塩…300ｇ

● ウドだけでなくワラビやフキなど塩漬けにしたものは、秋口前に封を開けると、風味が悪くなったり傷んだりしやすい。

フキノトウのしょうゆ漬け

ほろ苦さが大人の味。
ご飯のおかずや酒の肴にどうぞ。

【作り方】
① フキノトウは外側の皮をむいてきれいに洗い、熱湯に塩と重曹を各ひとつまみ入れてゆがいて水にさらす。苦味をよく取りたい時は、途中で1、2回水をかえて、2、3時間水にさらす。フキノトウの苦味に合わせ、水にさらす時間を加減する。
② 次に①を固く絞って細かく刻み、みりんとしょうゆを振りかけてよく混ぜておく。小皿などを押しぶたや重石にして1晩漬けると味がなじむ。

● つぼみの堅いものが漬けものに適します。
● 水にさらしすぎないようにする。

 漬け時間 **1 晩**

【材料】
フキノトウ…100ｇ　　重曹…少量
しょうゆ…大さじ1　　塩…少量
みりん…小さじ2

フキノトウの塩漬け

本漬けは、手早くしないとフキノトウが黒くなるので気をつけましょう。

【作り方】
（下漬け）
❶フキノトウは外の皮を1枚はがして、たっぷりの水に半日つけて水気を切る。
❷お湯を煮立て、ざるに入れたフキノトウをさっとくぐらせ、すぐ水に入れて冷ます。
❸別に焼きミョウバンを分量の水に溶かしたものに②を入れて3時間ほどさらし、水気を切る。
❹次に③に分量の塩を振りまぜ約600gの重石をのせて3週間ほど漬ける。

（本漬け）
❶重石を取り除いてフキノトウを取りだし、きれいに洗って水気を切る。
❷手早く別の本漬け容器に移し、分量の塩で漬け直し、上をビニールで覆って押しぶたと重石をする。
❸このままで半年はもつが、途中で取りだして粕漬け、みそ漬けなどにする。

●下漬けしたフキノトウにカビが付いていたら、この塩漬けの重石の上から水をかけて流す。

 漬け時間 **2** カ月～ **半年**

【材料】
（下漬け）
フキノトウ…400g
焼きミョウバン
　…小さじ1½
水…約1ℓ
塩…80g

（本漬け）
下漬けしたフキノトウ
　…400g
塩…40g

ワラビの塩漬け

あく抜きがポイント。丁寧に漬けて。

【作り方】

1. 新鮮なワラビは1握りくらいずつ、根元の方をそろえてわらなどで結わえ、堅い部分は切り落とす。
2. ホーローの器に木灰を少し敷き、ワラビを平らに並べ、また木灰を振る。器の大小やワラビの量によって適当に2、3段にワラビと木灰を交互に重ねる。最後にまた木灰を振り、押しぶたをして熱湯をかける。重石はワラビの浮かない程度に軽くし、ワラビが十分に隠れるだけ熱湯を注ぐ。
3. あくを抜く時間は木灰の量にもよるが、あまり長いと、ワラビの繊維が木灰のアルカリで柔らかくなり、ゆでたときにつぶれることがある。ワラビは5、6時間たったら1束ずつきれいに水洗いし、ざるにあげ水気を切る。急ぐときはふきんでおさえて水気を取る。
4. 容器の底に塩を振り、ワラビの根元の方をそろえて並べ、次の段は先の方と根元の方が、前と逆になるように重ねて平らにする。
5. ワラビと塩を交互に重ね、1番上は塩を多めに振る。できれば笹の葉で覆う。
6. 押しぶたと重石をのせるが、重石はワラビの目方の2倍くらいにし、水が上がったらその後はワラビが十分に隠れる程度に水があるように重石を加減する。ビニールなどで上を覆う。

漬け時間 **6** カ月

【材料】

ワラビ…1kg　　　塩…300g
木灰…1/2カップ

春

ワンポイント ONE POINT

- 1年くらい保存できるが、秋口までふたを開けないようにすると持ちがよい。
- 使うときは必要なだけ取りだし、熱湯でもう1度さっとゆでて塩抜きし、さらに水にさらし塩抜きしてから料理する。
- ワラビのあく抜きをするとき、木灰がない場合1ℓの熱湯に重曹小さじ2を入れて使う。

ワラビのぬか漬け

ゆで過ぎないように注意して、おいしいぬか漬けを作りましょう。

漬け時間 **1** 週間

【材料】
ワラビ…500ｇ
米ぬか…150ｇ
塩…200ｇ

【作り方】
❶ワラビは漬けた後、取り出しやすくするために、1握りずつ根元をそろえてわらなどで束ね、堅いところを切り落とす。穂先も手でもむか、切り落とす。鮮度が落ちているときは、切り口をしばらく水に浸して生き生きさせる。
❷分量の米ぬかと塩をよく混ぜ合わせ、塩ぬかにする。
❸容器の底にぬか床を少し敷き、ワラビの根元の方をそろえて並べ、また塩ぬかを振る。次は根元の方を前の段と逆にして並べ、塩ぬかを振る。ワラビが平らになるように注意しながら、塩ぬかと交互に重ねる。塩ぬかがワラビのすき間まで詰まるように注意する。
❹1番上は塩ぬかを多めに振り、表面を笹の葉か漬けもの用ビニールでしっかり覆い、押しぶたと重石をする。重石はワラビの目方の2倍ほどにする。
❺水の上がりが遅いときは、水1ℓに塩100gを溶かしたものを重石をのせたまま、押しぶたのすき間から容器の縁を伝わらせるように注ぎ込む。

ワンポイント ONE POINT
●秋口までこのままにしておき、必要なだけ取りだしたら、後始末は漬けたときのようにきちんとする。
●ぬか漬けワラビは、水洗いして煮立った湯に入れ、ゆで過ぎないように注意してゆで上げる。塩抜きはたっぷりの水に2日ほど浸して、塩の抜けたところで料理に使う。水にさらすときは2、3回水を取りかえるか、少しずつ水がかわる程度に流し水にする。

春

漬けものの種類と塩の量の目安

漬けものの種類 その 他	漬け上がる およその 時間・日数	材料の目方に 対する塩の目 方の目安（%）	備　　　考
即 席 漬 け （早漬け）	もみ漬け （30分～1.2時間）	1.5	当日または一両日で食べ切る。漬けるときも、食べ残したときも冷蔵庫に入れる。素材にもよるが夏は冷蔵庫に入れる。
	半日くらい （3～4時間）	2	
	一夜漬け （8～12時間）	3	
浅 　漬 　け （当座漬け）	・2、3日～10日 ・10日～1カ月	3～4 4～5	夏は塩分を5、6%にする。常に置き場所に注意する。
保 　存 　漬 　け	1カ月～2カ月 2カ月以上 3カ月以上 6カ月以上	5～6 7～8 9～10 12～15	5%ほどの塩分は乳酸発酵しやすいのでおいしくもなるが、味も変わりやすいので特に置き場所に注意する。
たくあん漬け	11月下旬に漬け、2月になって食べ始める	5～7	置き場所にもよるが、3月～4月初旬に食べ切る。
お 　葉 　漬 　け 白 　菜 　漬 　け	11月中、下旬に漬け、1カ月ぐらい経ってから食べ始める	4～5	高冷地は塩の量を3%ほどにする。漬けもの用粗塩は5%ほど、普通の塩は4%ほどにする。
らっきょう漬け	1カ月	10	1週間から10日ほどで甘酢漬けにするときは、8%ほどにして、少し塩出しをしてもよい。
ぬかみそ漬け	4～5日で なれる	米ぬかの目方の 15～18	実際には、ぬかの目方と同量の水が入るので7～9%の塩となる。
梅 　漬 　け	4日	18～20	1年以上保存がきく。
山 菜 な ど の 保 存 漬 け	※素材による	30～35	この塩の範囲で1、2度漬け直すこともある。

【夏の漬けもの】

真夏の太陽を浴びて育った野菜を漬け、
さっぱりとした味わいで
食欲が落ちやすい夏を乗り切りましょう。

ぬかみそ漬け

夏

ぬか床は毎日の手入れが大変ですが、自分だけのぬか床に愛着がわくこと間違いなし。おいしい夏野菜が手に入るようになったら、家庭で挑戦してみませんか。

【材料】

ぬか床の材料
　米ぬか(新しいもの)
　　…2kg
　塩(ぬかの10〜15%)
　　…200〜300g
　食パン…1.5枚
　水…2ℓ
　赤トウガラシ
　　…4、5本
　だし昆布…適量

味をよくする材料
　サケの頭、アラ
　酵母剤…30粒ほど

酸味防止の材料
　洋がらし、卵の殻

防臭、防腐剤の材料
　洋がらし
　赤トウガラシ
　山椒の実
　ショウガ
　ニンニク

ワンポイント ONE POINT
●だし昆布のほか、酵母剤やサケの頭などを焼いたものを入れると、味が良くなる。ぬか床用に作った布袋などに入れて時々、新しいものと取り替えること。漬かった昆布は刻んで食べられる。

52

【ぬか床の作り方】

❶ ボールなどに2ℓほどの水を入れ、食パンをちぎって入れる（パン酵母が水に出て、ぬかに混ざった時、熟成が早い）。パンが水を含んだら、塩を入れてよくかき混ぜる。

❷ 漬け容器にぬかを入れ、①の塩水を加えながら、底の方からよくかき混ぜる。

❸ 適当な長さに切った昆布と赤トウガラシを入れ、表面をよくならして、ともぶたか濡れふきんで覆い、1晩なじませる。

❹ 翌日、再び底の方からかき混ぜ、捨て漬け野菜（水気の多いキャベツの外葉、大根、カブの葉など）を押し込むように入れ、表面はならして2日ほど経ったら、捨て漬け野菜は取り出す。

❺ ぬか床は底からよくかき混ぜ、ぬかを空気に触れるようにして、これを2、3回繰り返し、床をなじませる。

【野菜の漬け方】

- キュウリ…塩少々を手に取り、塩ずりして、なり口の方から下向きに立てるようにつっこむ。
- 小カブ…茎を約1.5cmほど付け、皮が汚いときは皮をむき、一文字か十文字に切り目を入れると早く漬かる。
- キャベツ…葉1枚ずつ漬ける時は、葉1、2枚の中にぬかみそを一握り包んで漬ける。また、小さいものを丸ごとか1/2または1/4に切って漬け、つかった葉を必要な分だけはがして食べるのも良い。
- ナス…塩と焼きミョウバンを少々混ぜ、ナスにすりこんで立てるようにして漬ける（ミョウバンをたくさん使うと、ぬか床の味が落ちるので気をつけること）。ナスは柔らかめのぬか床の方がよく漬かる。

【毎日の手入れ】

❶ 雑菌が入るとぬか床の中で繁殖し、カビが生えるので、容器の周りも常に清潔にする。漬ける材料は洗って水気をよくふいた後、入れる。

❷ 1日1回は空気を入れる。乳酸菌の働きを活発にさせるため、手でよくかきまぜる。

【ぬか床が酸っぱくなったら】

乳酸菌やその他の菌が増え、ぬか床が少し酸っぱくなったら、卵の殻と洋がらしを加える。酸味が強くなりすぎたら、少し捨て、その分新しいぬかを加え、塩と洋がらしを混ぜる。

【ぬか床の収納法】

ぬかの中に野菜などを残さないよう全部取り出した後、足しぬかをして固くならし、表面に塩と洋がらしを白くなるまで振り、紙ぶたの上からビニール袋などをかけて涼しい場所に置いておく。

少量の場合はビニール袋などに移し替えて冷蔵庫に入れてもよい。短期の旅行などの場合、材料を漬けたまま冷蔵庫で保管すると便利。

梅漬け

新鮮で傷や黒い斑点などの無い青梅を選び、歯ざわり良く仕上げましょう。

【作り方】
1. 梅を1晩水に浸し、ざるにあげる。
2. すり鉢などに梅を入れて分量の塩を振る。この時、塩を梅にからませるようにする。水分が切れた時は焼酎を1/2カップほど入れて塩をからませ、押しぶたと重石をする。
3. 4日ほど塩漬けするが、1日に2、3回、木のしゃもじなどで上下にかえして塩をまぶしつけるとともに、塩が全部とけるようにする。
4. かめなどに全部移し、中ぶたをし、漬け汁（白梅酢）が梅の表面を覆う程度に重石を加減し、上ぶたをする。
5. シソの葉が出たら、葉を枝からもぎとって洗い、水気をよく切ってすり鉢に入れ、塩を大さじ2ほど振り込んでよくもむ。固く絞ると黒ずんだ水が出るので捨てる。
6. これを刻み、白梅酢を加えてまたもむと真紅になるので、これを汁ごと梅漬けに入れる。葉は梅漬けの中ほどと1番上に梅を覆うように入れる。
7. この後、また中ぶたをし、梅が隠れるように梅酢が上がっている程度に重石をし、上ぶたをすればできあがる。

 漬け時間 **4**日

【材料】
完熟直前の青梅(小粒) …800g	ちりめんアカジソの葉 …200g
漬けもの用塩 …150g	シソをもむ塩 …約大さじ2

ワンポイント ONE POINT
- 熟す一歩前の青梅でないと歯ざわりよく仕上がらない。
- 梅が大きい時は塩漬けが終わったところで割って種を出す。
- 白梅酢が多すぎる時は取り分けてびんに保存し、酢漬けなどに利用する。
- 干さずに食べる梅。忙しい人向け。

梅干し

夏の太陽を利用する保存食。土用になったら、梅干し作りに挑戦しませんか。

【作り方】

❶ 梅漬け(→P.54)を作る。
❷ 土用になったら、すの子などを日なたに広げ、梅を取り出し、2日間は日中に干して夜は梅酢に戻し、3日目は1日梅酢の中に置いて4日目と5日目は日中も夜も干したままにする。乾き具合を見てもう1回繰り返し、10日目は夕方、びんなどに取り入れ、密閉する。

 ワンポイント ONE POINT
● 材料の分量は土用になって梅漬けを干すまでの量。
● 減塩で漬ける場合はカビの発生に気をつける。
● 塩の分量を25％にすると、いつまでも保存がきき、1年以上経つと塩味が慣れ、色も深みが出る。

 漬け時間 **1** カ月半

【材料】

黄味を帯びるほど熟した梅…2kg	ちりめんアカジソの葉…400〜500g
漬けもの用塩(梅の18％)…360g	シソをもむ塩…大さじ3〜4

減塩梅干し漬け

日々の健康管理は減塩から。カビ対策を忘れずに。

【作り方】
1. 下漬けとして、梅がかぶるほどの水に1～2時間つけてあく抜きをする。あく抜きした梅はざるに移してよく水気を切っておく。
2. 塩は半分に分け、梅にまぶしながら漬け込む。その時、塩と梅を交互に入れていき、最上段に塩を多めに振る。
3. カビ防止と呼び水のために容器の縁から焼酎を回し入れる。中ぶたをし、梅の重量の2倍の重さの重石をのせる。
4. 漬けて2日ほどたったら塩がよく溶けるように重石をとって、容器を回すようにして静かに揺り動かす。
5. ひたひたと白梅酢が上がってきたら、重石を半分位軽くする。軽くしても中ぶたの上に白梅酢がのる位には重石をしておき、赤ジソが出回るまでそのまま漬けておく。
6. シソは葉を取り水洗いし、水切りして塩小さじ2を振りかけてしんなりしたら強く絞りあくを取る。絞り終わったら、小さじ1の塩を振りかけて全体に混ぜ30分ほどおく。汁が出るので手で軽くもんで、さらにひと握りずつ強く絞ってあくをとっておく。
7. 下漬け梅干しの上にシソの葉をのせ、容器を揺すって汁を吸わせる。梅酢を吸わない耐熱ガラスの皿のような中ぶたの上に軽い重石をのせる。中ぶたの上に常に赤梅酢が出ている状態が望ましい。このまま梅雨明け土用がくるのを待つ。直射日光の当たらない冷暗所におく。
8. 土用になって普通の梅干しのように干す。

 漬け時間 **半年**

【材料】
梅…1kg
漬けもの用塩…100g(10%)
焼酎(35℃のもの)…1/2カップ
ちりめん赤ジソの葉…300～500g
重石…2kg
別にシソをもむ塩…大さじ1～2

夏

 ワンポイント ONE POINT
●減塩の梅干しを漬ける場合、気をつけたいのはカビの発生。カビを発見したらすぐにすくい取り重石がきちんと乗っているかを見ること。

小梅のカリカリ漬け

若い小梅も漬け方次第では立派な一品。食感を楽しんで。

【作り方】

① 5月下旬から6月上旬に若もぎした小梅を選んで1晩水に漬けてあくを抜く。(肉質が柔かくなるとカリカリにならない)
② 翌日、竹ざるにあげ(金物のざるはさける)よく水気をきる。
③ 梅の肉質をカリカリにするには、梅の実1kgにつき、焼きミョウバン約1gを塩によく混ぜておく。
④ きれいに洗ったかめの底に塩をふり、梅に③の塩を上からかぶせるようにして梅漬けと同じように漬ける。

●赤ジソが出たら梅漬け同様に漬けるが、小梅の場合、赤ジソで色がきれいに上らないことがあるから、好みで青いままでもよく、また食紅を少し補ってもよい。

漬け時間 **3** カ月

【材料】

小梅…2kg
塩…300g
焼きミョウバン…2g
シソの葉…200g
シソをもむための塩…大さじ3

青梅のシロップ漬け

甘く漬けるには根気が必要。上手に漬けて。

【作り方】

❶ 新鮮でやや未熟な梅をたっぷりの水につけて1晩置く。水を捨て分量の塩をよくまぶしつける。この後、塩漬けが終わったところで割って種を抜く。

❷ 梅の水気をふき取り、大きめの広口びんに梅1/3を入れ、砂糖も1/3入れてよく振り混ぜる。次も梅と砂糖を入れ振り混ぜることを繰り返し、全部梅も砂糖も入ったらせんをする。涼しい所に置き、1日に2、3回よく振る。1週間ほどで砂糖が溶けたらボールに大きめのざるを置き全部あける。次に梅の漬け汁だけ火にかけて煮立てる。

❸ 煮立つとあわ立ちがはげしくなるので、このあわをきれいにすくい取って火を止め、梅の実にかける。この熱い汁がなるべく早く冷めるように冷水につけたり、梅もざるに広げる。冷めたらまた両方を元のびんに戻し、涼しいところか冷蔵庫に入れて5日ほどおく。

❹ 5日後にまた梅を汁ごとざるにあけ、漬け汁だけ煮たててかける。両方冷めたら元に戻し、冷蔵庫に入れる。

❺ これを5日ほどしたら、もう1度繰り返す。できればさらにもう1度繰り返す。

❻ シロップの量が少なくなり梅の実がシロップの上に出るようだったら、砂糖1カップに水1/2カップの割合の砂糖液を煮溶かし冷まして入れる。

漬け時間 **10〜15** 日

【材料】

青梅（完熟前のもの）…800g
塩…25g
砂糖…500g

● 最初に漬ける時、砂糖の分量は種を抜いた梅の重さとほぼ同量にする。また塩の分量は種を抜く前の梅の目方の3％前後にする。

青梅の粕漬け

大きめの梅を選んで漬けましょう。

【作り方】
1. 洗った梅は1晩水に漬け、水気を切って種を取る。
2. 分量の塩をよくまぶしつけ、押しぶたに中身の2倍ほどの重さの重石をのせ、10日ほど漬ける。最初は時々底からかき混ぜ、塩が溶け梅に塩が平均に回るようにする。
3. 分量の酒かす、砂糖、みりんを混ぜる。梅はざるに上げてよく水を切り、かす床に漬け密封する。
4. 約2カ月後に漬け床から出し、食べやすく切る。

 ●かす床に漬ける前に1粒ずつ身の中まで水分をふき取ること。

 漬け時間 **2** カ月

【材料】
未熟の青梅…500g　砂糖…100g
塩…50g　みりん
酒かす…800g　…大さじ4〜5

コラム①　塩の使いすぎに注意

漬けものに欠かせない塩。材料や保存期間、気温などにより使用量はさまざまです。以下のポイントを守って、塩の使い過ぎに気をつけましょう。

1. 1回に漬ける分量は家族の人数に合わせ、1両日中に食べきる分を漬ける。
2. 塩の量を減らすと漬かりにくいので、漬ける前にナスはヘタ側に、カブは根側に少し切り目を入れる。
3. 重石は材料がつぶれない程度に。卓上の漬けもの器を利用し、強くねじをしめるのが一番、効率的。
4. 塩分が薄いと味が変わりやすいので、漬けたらすぐに冷蔵庫に入れる。食べ残しも冷蔵庫で保存する。

カボチャのレモン漬け

食感と酸味の調和を楽しんで。

夏

【作り方】
① 洗ったカボチャは4つか6つ割りにして種とわたをきれいに取り、皮も堅いところはむく。これを薄く切る。
② ラディッシュは薄く輪切りにする。赤トウガラシも種を取って薄い輪切りにする。
③ 輪切りにした半分のレモンの汁を絞り、皮も少量そいで細く切る。
④ カボチャとラディッシュに分量の塩を振ってよく混ぜ、レモン汁を振りかけ、レモンの皮とトウガラシを混ぜ、押しぶたと重石をして一昼夜ほど漬けると味がなじむ。

● 熟す前のカボチャを使うとよい。

 漬け時間 **1** 昼夜

【材料】
カボチャ…350g　レモン…1/2個
ラディッシュ　　塩…小さじ2
　…小2個　　　赤トウガラシ…1本

カボチャとキュウリの塩漬け

優しい甘みを感じましょう。

【作り方】
1. カボチャはわたを取り、洋カボチャは皮をむく。4cmほどの粗い千切りにする。
2. キュウリとラディッシュは薄い半月切り。
3. ショウガは皮ごとすりおろして汁を絞る。
4. 野菜を合わせて③のショウガ汁とAの調味料を振りかけ、全体を混ぜ合わせて軽い重石をする。
5. 1時間ほどでカボチャがしんなりすればできあがり。

 ●生のカボチャの歯ざわりが、キュウリやラディッシュと調和し、甘味もあっておいしい漬けものになる。

 漬け時間 **1** 時間

【材料】
カボチャ…300g
キュウリ…1本
ラディッシュ…3個
ショウガ(1かけ)…10g

A｛
塩…小さじ2
酒…小さじ1
しょうゆ…小さじ1
｝

キュウリの塩漬け

まずは基本の塩漬けをマスターして、ほかの漬け方に挑戦しましょう。

【作り方】

1. キュウリは若くて身がしまって、真っすぐなものを選び洗う。
2. かりっとさせたい時は、塩を入れた熱湯にさっとくぐらせすぐ冷水で冷す。
3. 桶底に塩を薄く振ってキュウリを並べ、塩をふり、次はキュウリを反対にして塩をふり、ところどころトウガラシを入れ、これをくり返し、押しぶたをし、キュウリの倍位の重石をする。1晩置いて水が上ったら重石を少し軽くする。重石が強いと形が悪くぺちゃんこになる。
4. 表面にカビが出たような時は上のカビの部分だけ取り除き、漬け液を鍋に入れて煮立てて冷ましてからキュウリにかけて漬けなおす。
5. 秋風の立つころまで、まめにカビを除き、後は紙で覆いをして涼しいところに置く。

 漬け時間 **2** カ月

【材料】
キュウリ…3kg　　赤トウガラシ…5～6本
塩…300g(10%)

 ワンポイント ONE POINT
- キュウリの色を青くさせたい時は、漬け液を煮立てる時に重曹を少量入れるとよい。
- 置く場所により早くカビが出そうな時は塩加減を15%～20%にしてもよい。
- 涼風が立つ秋口に粕漬けやみそ漬けに（みそ漬けの場合は塩抜きをしてから）。

キュウリの即席キムチ

玉ネギとワカメを加えて手早く。

【作り方】
1. キュウリは縦2つ割りにしてから、斜め薄切りにする。
2. 玉ネギは厚さ2mmの輪切りにしてキュウリと合わせ、塩大さじ1をふって手でよくもみ、ふきんに包んで水気を絞る。
3. ワカメはもどして、食べやすい大きさに切り、②と合わせる。
4. キムチの素を合わせて、にんにくは叩きつぶす。味をみながら③に加えて、混ぜ容器に入れて、押しぶたと重石をして、20～30分漬ける。

●タマネギの水気はしっかりと切ること。

 漬け時間 **20 ～ 30** 分

【材料】
キュウリ…5本
玉ネギ…1個
ワカメ…20ｇ

キムチの素
　しょうゆ…大さじ4
　酢…大さじ3
　粉トウガラシ
　　　…小さじ2
　ニンニク…2かけ
　ケチャップ…大さじ4

キュウリの松前漬け

昆布とするめの味が出た漬け汁でセロリやダイコンも漬けてみましょう。

【作り方】

1. 昆布は湿らせたふきんで汚れをふきとり、はさみで千切りにする。これを焦がさないように空いりする。
2. するめもふいて、はさみで千切りにして空いりする。
3. Aの調味料と水を合わせ、さっと煮立てて火からおろし、昆布とするめを入れ、ふたをして1晩置く。
4. キュウリを洗って水をふきとり、両端を少し切り落とした後、乱切りにする。
5. 前日作っておいた調味料の中にキュウリを入れ、トウガラシ粉を適当に振り入れ、キュウリにお皿などで重石をして1晩置く。
6. キュウリに昆布やするめも一緒に盛りつける。

●昆布とするめは面倒な時は入れなくてもよく、松前漬けの材料として昆布とするめの細切りが市販されているのでこれを入れてもよい。

漬け時間 **1晩**

【材料】

キュウリ
　…3本(約300g)
だし昆布
　…長さ4cm 1枚
するめの胴の部分
　…長さ4cm 1枚

A
- しょうゆ…1/2カップ
- 酒…大さじ2
- 酢…大さじ1
- 砂糖…大さじ3
- 水…大さじ4
- 粉トウガラシ…少量

夏

金時草とキノコのいしるポン酢漬け

能登の魚醤と加賀野菜。石川県ならではの一品です。

【作り方】

① 金時草は洗って、茎から葉だけを摘み取り、3、4cmに切る。
② エリンギは根を少し切り落とし、大きい物は縦4つに割り、小さい物は縦2つに切り、適宜に切る。シメジも根を切り、バラバラにほぐす。
③ 熱湯に塩大さじ1を加え、エリンギ、シメジ、ナメコの順番に入れてゆがいて、ざるに取って水気を切る。
④ ショウガは千切りとする。
⑤ 漬ける容器に金時草、ショウガ、よく冷めたキノコをよく混ぜ、上からいしるポン酢を注ぎ入れる。落としぶたをして、重石を乗せ、2、3日漬け込むと味が出てくる。

● キノコはシメジだけでも良い。

漬け時間 **2、3**日

【材料】

金時草（葉のみ）…3把（450g）	シメジ…1袋（200g）
エリンギ…1パック（150g）	塩…大さじ1
ナメコ…1袋（200g）	ショウガ…40g
	市販のいしるポン酢…1カップ

金時草とニシン、ミョウガの雪花漬け

加賀野菜金時草のうま味をこうじの甘みが引き立てます。

夏

【作り方】
① 金時草は洗って茎から葉のみを取り、3、4cmに切る。
② 身欠きニシンは米のとぎ汁に1晩漬け、少し柔らかくなったら、頭と尾を切り捨て、残っているうろこなどを丁寧に取り、きれいに水洗いする。
③ 食べやすく2cmほどに切り、塩小さじ2を振り、1晩置く。
④ ミョウガは縦に薄切りにする。赤トウガラシは種を除き、輪切りとする。
⑤ 手でよくもみほぐしたこうじと炊きたてのご飯、湯を入れたものを合わせ、しゃもじで混ぜる。密閉容器に入れてふたをして、新聞2、3枚でしっかりとくるみ、タオルケットなどで包む。
⑥ 7、8時間ほどそのままにして、発酵させる。
⑦ こうじが冷めたら、漬け容器にバラバラに入れ、金時草とミョウガ、小さく切ったニシンと塩を混ぜたものを一つかみずつ入れる。その上にこうじ、輪切りにした赤トウガラシを入れ、落としぶたをする。

 漬け時間 **2〜4日**

【材料】
金時草…5把
（葉のみ、750g）
ニシンの下ごしらえ
　身欠きニシン
　　…8〜10本
　米のとぎ汁…適量
　塩…小さじ2
赤トウガラシ…1、2本
ミョウガ…10個
こうじ…300g
ご飯…300g
湯…150cc

● 漬けて2日目くらいから食べられるが、3、4日経過するとさらに味が乗る。
● こうじを作る時の湯は、指が入るくらいの熱さにする。

シソの実のしょうゆ漬け

シソの香りが食欲をそそります。他の漬けものと合わせてみましょう。

【作り方】
1. シソの実をよく洗い、塩を溶かした約1.5ℓの水に入れて約2時間浸し、ざるに上げて半日ほど日陰干しする。
2. みりん、しょうゆ、酢を一煮立ちさせて冷ましておく。
3. シソの実を広口びんなどに入れて②を注ぎ込み、浮かない程度に数個の小石などで重石をし、密閉する。
4. 冷蔵庫などに入れておくと、半日ほどで食べられる。

ワンポイント ONE POINT
● 漬け上がったものをガーゼの小袋などに入れ、1度みそ漬けとして使ったみそに漬け込むと経済的で、みその風味のするシソの実漬けになる。

 漬け時間　半日

【材料】

シソの実…200ｇ	みりん…1/2 カップ
塩…大さじ2	しょうゆ…1/2 カップ
	酢…大さじ3

シソの実の塩漬け

穂に花が残っているものを漬けて風味よく。

【作り方】
❶シソの実200gを穂からそぎ取り、ざるに入れてそのままたっぷりの水の中でよく洗う。
❷汚れた水を代えて、またざるごと水につけ、3、4時間置いてあく抜きをする。できれば2回ほどざるを引き上げて水を代えるとよい。
❸水1カップに塩40gを入れて一煮立ちさせて冷ます。
❹あく抜きしたシソの実はざるごと引き上げよく水を切り塩40gをまぶしつける。
❺清潔なびんなどにシソを入れ、冷ましておいた塩水を注ぎ込む。
❻浮かないように重石をし、ふたをきっちり閉めて冷暗所に置く。

 漬け時間 **2、3** カ月

【材料】
シソの実…200g | 水…1カップ
塩…40g | 塩…40g

●そのまま食べる場合、適当に水に浸して塩抜きしてよく水気を切る。
●他の漬けものに入れる場合、組み合わせる材料によって塩抜きしたり、また塩漬けのまま使うこともある。
●青ジソの実の方が色は美しくなるが、さらに酢やレモン汁などを少量落とすと色がよくなる。
●漬けておく時、漬け水がいつもシソの実を覆っているように、重石を加減すると1年以上も保存できる。

青ジソの葉の塩漬け

お肉に巻いたり、刻んで漬けものの中に入れたり、使い勝手のよい一品です。

【作り方】

① 青ジソの葉をよく洗って水気を切り、水3カップに塩大さじ3と、焼きミョウバンを溶かした水に漬け、浮かないように押しぶた、重石をして2時間ほど置く。あくが出て水が黒くなるのでもう1度よく水洗いする。シソの葉の根元の方をそろえ10枚くらいずつ葉を重ね糸などで束ね、ふきんの間において両手の平で挟み水気をよく取る。

② 容器の底に塩を少し振り、青ジソが束ねてある1枚ずつの葉の間にも塩を振り込みながら並べ、葉の上に塩振りを繰り返し、全部振りかける。

③ 水を1カップほど計り、押しぶたをし、重石をのせたらこの水を差し水として入れる。差し水がシソの葉の上までくるように重石を強くする。

●漬けたままにしておき、必要なときは薄い塩水に漬けて塩だしする。

 漬け時間 **1** カ月

【材料】
青ジソの葉…200g
塩…大さじ3
水…3カップ
焼きミョウバン
　…小さじ1½
塩…60g
水…1カップ

赤ジソの葉の紅漬け

塩抜きする時は、酢を少し落として薄めの塩水に漬けましょう。

【作り方】

1. 赤ジソの葉は、柄をつけたまままきれいに洗う。水1カップに塩大さじ1と、酢大さじ2を溶かした中にシソの葉を入れ、浮かない程度に押しぶたと重石をして1晩置く。
2. 大きな葉や破れたりしていないものを10枚ずつまとめて糸で結び、きれいな水の中で元のところを持って振り洗いし、ふきんの間に入れ、手の平で挟んで水気を取る。
3. 破れた葉や小さい葉は別にして、その葉の量に応じた分量の塩でよくもみ、黒いあく水を絞り捨て、分量内の白梅酢をかけて赤い汁を十分に出す。
4. 1番上に③をのせ、残っていた塩を全部振りかける。この上から分量の白梅酢(これは③の赤い汁も入っているが)をかける。
5. 押しぶたと重石をのせ、葉の上まで梅酢がくるようにして覆いをかけひもで結ぶ。

●容器や押しぶたも重石も、酸の影響を受けない陶器か木製のものを使う。

 漬け時間 **1**カ月

【材料】

赤ジソの葉…200g	白梅酢…1カップ
水…1カップ	塩…40g
塩…大さじ1	
酢…大さじ2	

夏

新ショウガの甘酢漬け

身体を温める効果のあるショウガ。上手に漬けて長く味わいましょう。

【作り方】
❶ショウガは茎の部分を切り落とし、皮はそぎ取り薄く切る。
❷煮立っているお湯にくぐらせて、ざるに上げ、これに塩小さじ1振りかけて全体にまぶし、そのまま広げて冷ましておく。
❸酢、みりん、砂糖を煮立てて冷ます。
❹ショウガが冷めたら、ふたつき容器に入れて③を注ぎ込み、浮かない程度にお皿などで軽く重石をする。
❺2日目から1カ月ほど楽しめる。

漬け時間 **2**日～**1**カ月

【材料】
新ショウガ…200g
塩…小さじ1

酢…大さじ6
みりん…大さじ2
砂糖…大さじ2

●ショウガは付け合わせや千切りにして巻き寿司の中に入れてもよい。

【コップで簡単に漬ける方法】

①茎を5、6cmつけたまま皮をそぎ取る。
②前記と同じ方法で茎だけ湯通しして塩をすりつける。
③同じく上記の「甘酢漬け」と同じ調味液をコップなどに入れ、②を花を生けるようにして1週間漬ける。

紅ショウガ

みずみずしさを生かし、きれいな紅色に染めましょう。

【作り方】
1. 皮をむいたショウガ400ｇの厚さを半分にし、5cm角に切って、水1カップに塩20ｇを溶かした塩水に入れ、落としぶた、重石をして、1晩漬け込む。
2. 翌日、ショウガをざるに上げ、5時間ほど陰干しする。酢1/2カップに砂糖大さじ8を煮溶かして冷まし、梅酢2/3カップを交ぜ、干したショウガを漬け、落としぶたをして重石をのせる。
3. 1週間もすれば、きれいな紅色に染まる。

 漬け時間 1 週間

【材料】
ショウガ…400ｇ
水…1カップ
塩…20ｇ
酢…1/2カップ
砂糖…大さじ8
梅酢…2/3カップ

 ●紅ショウガのみじん切りを炊き立てご飯に混ぜたおにぎりも食欲が出る。

夏

即席 ショウガの甘酢漬け（ガリ）

すし店でおなじみの味。魚に添えてもおいしい。

【作り方】
❶ 酢1カップ、砂糖1/2カップ、水1/4カップを混ぜた甘酢をホーローの鍋で煮立てる。
❷ そこに薄切りにしたショウガ250gを入れて、中火で1分ほど加熱する。
❸ 耐熱ガラスや陶器のポットに入れてそのまま冷ませばきれいなピンク色に変わる。

 ●長期間の保存はきかないので、1週間以内に食べきること。

 漬け時間 **30 分** （冷めるまで）

【材料】
ショウガ…250g

酢…1カップ
砂糖…1/2カップ
水…1/4カップ

ショウガの甘酢漬け（ガリ）

優しい味、はし休めにも。2、3カ月は持ちます。

【作り方】
❶ 薄切りにしたショウガ250gを、沸騰した湯の中に入れて、1分弱煮てザルにあげ、塩12gを振って、塩が全体に行き渡るように交ぜ、冷ます。
❷ 酢1カップ、砂糖1/2カップ、水1/4カップを混ぜた甘酢をホーローの鍋で煮立てる。
❸ 甘酢の中に、①のショウガを漬け込む。
❹ 2、3日後に食べごろとなる。2、3カ月は十分に持たせることができる。

 ●ガラスや陶器のふたのあるポットに入れて保存するとよい。

 漬け時間 **2、3 日**

【材料】
ショウガ…250g
塩…12g

酢…1カップ
砂糖…1/2カップ
水…1/4カップ

白ウリの塩漬け

2カ月ほど漬けたものは、粕漬けやみそ漬けなどにも使えます。

【作り方】
❶ウリを縦2つに割り、種をきれいに取って水洗いして伏せておく。
❷漬ける容器の底に塩を振り、ウリを上向きにしてぎっしりとすき間のないように並べる。
❸うりのへこみに塩を振りかける。これを繰り返すが上の方は塩を多めに振る。
❹押しぶたをし、7.5kg（ウリの1.5倍）の重石をする。水が上がったら、重石を少し軽くしてウリが水の上に顔が出ない程度にして涼しい場所に置く。
❺2カ月ほどたったものを塩抜きし、粕漬けやみりん粕漬け（ドボン漬け）、みそ漬けなどに使う。

 漬け時間 **2** カ月

【材料】
白ウリ…5kg　　塩…1kg

 ●漬け容器の1番上には塩をたっぷり振ります。

白ウリの印籠漬け

漬けてから2、3週間で食べられますが、3カ月から1年の間が一番、味がなじみますよ。

【作り方】
① 白ウリは両端を切り落し、はしの先で突っつき、中の種を抜き洗う。（ウリを大量に使う時は穴をあける道具を使う）
② ①の水気をよく切って、空けた穴の中へ塩をたっぷり詰める。桶には立てるようにして並べ、木ぶたをして、材料の重さの半分位の重石をして約2日間で水が上る。
③ 酒粕4kgを焼酎2½カップでやわらかくゆるめる。
④ ②の白ウリをざるにあげ1日陰干しにする。
⑤ 青トウガラシは塩水に約1時間ほどつけてから細かくみじん切り、ショウガもみじんに刻んで固く絞り、青ジソの葉に包んで④の白ウリの穴に詰める。
⑥ 焼酎でやわらかくした③の酒粕のうち半量で1回、残りの半量で1回と、塩気を抜くために2～3週間続けて下漬けをする。
⑦ 2kgの酒粕にみりん2カップと焼酎は酒粕の固さをみながら約1½カップ入れ、砂糖は好みで少し入れてもよい（A）。
⑧ 用意した容器の底に⑦の本漬け用の粕床を約4cmほど敷き、2回ほど塩抜きにした下漬けの粕から白ウリを取り出してきっちと並べ、その上に粕を中身が見えないくらい平らにのせ、焼酎を手につけて上から押えるようにしてなでつける。量によりこれを何段か繰り返し、表面にラップをはりつけふたをする。セロテープで目張りし、包装紙や新聞紙で容器ごと包み、ひもをかける。

 漬け時間 **2、3週間**

【材料】
白ウリ…10本
塩…ウリの重量の20%
酒粕…4kg
焼酎…2½カップ
青トウガラシ…20本
青ジソの葉…20～30枚

A
酒粕…2kg
みりん…2カップ
焼酎…1½カップ
砂糖…好みに応じて

 ●夏なら冷暗所、冬ならなるべく暖かくないところにおく。

白ウリの粕漬け

旬の真夏に仕込んで、食べ頃は秋。
お酒がほしくなる一品です。

 漬け時間 **2カ月**

【材料】
白ウリの塩漬けを使用
（74ページ参照）

粕床
　酒粕…3kg
　砂糖…500g
　塩…50g
　（塩漬けウリの塩抜き具合によって加減する）
　焼酎…1カップ

ワンポイント ONE POINT

● 食べる分量だけ順に取り出し、後はまた粕でしっかり押え、密閉することが大切。
● 本漬けの時、ウリを横向きにするのはウリの形が平たくつぶれるのが多少防げるのと、下向きにするより、かさばらないなどの理由から。上向きにすると幾分早くつかるが、水がたまりやすい。
● 下漬けをした後、1日ほど日陰干しにするのは十分乾燥させるため。長期保存の場合は3～5日、日陰干しにすることもある。
● ウリに苦味の出ることがあるが、これは砂糖を粕に混ぜることで防げる。

【2度漬けについて】

◆ 前年の粕床は、アルコール分が少なくなっていると酸敗しやすいので、抜き粕4kg当たり焼酎1カップを混ぜる。
◆ 塩漬けしたウリを新しい粕床につける前にこの抜き粕（足りないときは新しい粕と他の調味料も補って）で中漬けする。
◆ 中漬けは1カ月位で本漬けに直す。この時は中漬けの粕をふき取る。

【板粕からねり粕を作る方法】

◆ ねり粕として漬けもの用に市販されているが、冬季に板粕を使って練り粕を作るには、板粕1kg、水½カップ、焼酎½カップを用意する。
◆ 焼酎と水を合わせて置き、かめなど密封のできる器に板粕を適当にちぎって入れる。
◆ これに焼酎の水を振りかけながらよく混ぜる。全部焼酎の水を入れた後よくこね、表面をラップでしっかり密着させ、ふたを密閉して秋までおく。

【作り方】

❶ 白ウリの塩漬け（→P.74）を取り出し、水気を乾いたふきんでよくふく。
❷ さらに1日ほど日陰干しする。
❸ 粕床は分量の酒粕に砂糖、塩を混ぜ、さらに焼酎を加減しながら注ぎ込む。粕が手にべとべとくっつくくらいの方が、粕床がウリになじみやすい。ねり粕の固さにより焼酎の量を足したりする。
❹ 本漬け用の容器の底に粕床を3cmほど敷き、ウリの腹に粕を詰める。ウリの背と腹が重なり合うようにし、横向きか多少斜め下に向くようにぎっしりひと並べしたら、上を粕床で覆うことを繰り返す。1番上は多めに粕をのせ、しっかり押え、ラップなどを密着させる。ふたをし、セロテープなどで目張りし、包装紙などで覆いひもで結わえる。
❺ できるだけ涼しいところに置き、1カ月ほど経ち味加減をみて、塩気が強い時は2度漬けにする。

白ウリの雷干し漬け

食べる時に「ばりばり」と音が鳴る雷漬け。食感と音を楽しんで。

【作り方】
1. 白ウリは両端を少し切り落としてはしを通し、はしを回して種をきれいに取り除いて洗う。また、はしを通してウリを回しながら1.5cm幅のらせん状に切る。
2. 水2カップに塩大さじ2を入れた塩水に、切ったウリを2、3時間つけた後、ウリをひもなどでつり下げて半日くらい日陰干しする。これを長さ3cmに切る。
3. 青ジソの葉と皮をそぎ取ったショウガは千切りにする。
4. 昆布はぬれぶきんでふき、はさみで細く切る。
5. 材料全部を底の平たい器に入れ、塩と酢を振りかけ、ウリの重さの半分位の重石をして30分以上漬ける。2、3日間が食べ頃になる。

●雷干しというのは、干したウリの歯ざわりが大変よく、ばりばりと音がするためという。

漬け時間 **30** 分以上

【材料】
- 白ウリ…1本
- 水…2カップ
- 塩…大さじ2
- 青ジソ…7枚
- ショウガ…1かけ
- だし昆布…10cm角1枚
- 塩…小さじ1/2
- 酢…大さじ1

白ウリの一夜みそ漬け

1晩漬けて朝食にどうぞ。

【作り方】
1. 白ウリを洗って両端を少し切り落とし、2つ割りにする。種とわたをきれいに取って水洗いし、水分をふき取る。
2. 平たい容器にみそを厚めに敷き、ウリを上向きにして、みそがくぼみの中にいっぱいに詰まるようにする。また全体が見えなくなる程度にみそをかぶせ、しっかりおさえ、ラップなどを密着させて1晩置く。または厚めにみそを敷いてウリを伏せ、埋めるように押し込んで、上をみそで覆い、平らにならしてもよい。
3. みそをふき取り、手早く水洗いして水気をとり、適当に薄く切って食べる。

●冷蔵庫に入れないとすぐに酸味が強くなる。

漬け時間 **1** 晩

【材料】
- 白ウリ…1本
- みそ…適量

糸ウリと果物缶のレモン漬け

糸ウリとレモンを使った甘い一品。

【作り方】
① 糸ウリは皮をむき種をきれいに取る。
② ボールに少し濃いめの塩水を作っておく。
③ 種を取ったウリを5mmの厚さに切り塩水に入れ、1時間ぐらい漬けておく。
④ 1時間後、ざるに上げ、レモン汁をふりかける。その中に砂糖、缶詰の汁ごと全部入れて1晩冷蔵庫で漬け込む。

● 冷して食べた方がおいしい。

漬け時間 **1晩**

【材料】
糸ウリ…1個
塩…少々
レモン…1 1/2 個
砂糖…大さじ3
缶詰のパイナップル…大1/2 缶
缶詰のミカン…小1

ナスの塩漬け

漬けものの定番。塩抜きして、みそやしょうゆで漬けるのもお勧めです。

夏

【作り方】

1. 塩に焼きミョウバンを加えてよく混ぜ合わせる。用意した塩の1/6は水3カップを加えて煮溶かし、冷まして呼び水に使う。
2. ナスを洗い塩をよくすりつけて容器に詰める。残った塩も全部入れてしまう。
3. 押しぶたと重石をする。重石はナスの1.5倍、約5kgにする。次に①の呼び水を容器の縁に伝わるように、静かに注ぎ込む。
4. 水が上がったら重石を少し減らすが、いつもナスが漬け水の中に隠れているようにすることが必要。

ワンポイント ONE POINT
● 3日ほどで必要に応じて取り出し、適当に塩出しをして他の漬けものに使う。手をつけずにすっかり涼しくなるまでおくと、全体に塩がなれて、塩辛いながらもおいしくなる。
● 塩抜き法は熱湯を通して固く絞り、みそ漬けやしょうゆ漬けにしたり、また水で塩抜きをして薄く切り、他の野菜や昆布などと組み合わせて漬けものにする。

 漬け時間 **3日**

【材料】

ナス…3kg	焼きミョウバン
塩…600g	…小さじ2

塩漬けナスのからし漬け

ツーンと辛いからし漬け。はまる味です。

【作り方】
① 塩漬けナス(→P.80)は水で洗い、一口大の乱切りにし水に漬ける。
② 水気を絞ったナスを、漬ける容器に入れ、Aを合わせて煮立てた熱い汁をかける。
③ 和がらし粉大さじ3を、お湯で溶く。
④ 次に②にこのからし粉の溶いたものを入れ、木じゃくしなどでナスにまぶすようにする。
⑤ 器を密閉しておくと4、5日でおいしくなる。

●取り出した後は密閉し冷蔵する。それでも1カ月以上たつと風味が落ちるので、1度にたくさんつけないようにする。

漬け時間 **4、5日**

【材料】
塩漬けナス…500g

A
- 砂糖…50g
- しょうゆ…大さじ2
- 塩…小さじ2
- 酢…大さじ1
- 水…½カップ

からし粉…大さじ3

ナスの即席粕漬け

塩漬けを用意しなくても簡単にできます。冷蔵庫を利用しましょう。

【作り方】
1. ナスのへたを取って2つ割りにし、一口大の乱切りか、厚めの半月状に切って水にさらし、あく抜きをする。
2. 塩小さじ2を振りかけ500gほどの重石をして1日漬ける。
3. 酒粕とAの調味料を全部合わせてこねる。
4. ナスの水気をよくふき、③とまぶし、ふた物に入れ、しっかりふたをしたら、冷蔵庫で3日ほど漬け、粕ごと盛りつける。

 ワンポイント
- 粕にトウガラシ粉やからし粉を加えてもよい。ピリッとした粕漬けになる。

 漬け時間 **3** 日

【材料】
ナス…300g
塩…小さじ2
酒粕…150g

A
砂糖…大さじ5
塩…小さじ1
焼酎…大さじ1

小ナスのこうじ漬け

一週間ほど漬け込めば、こうじがなれておいしくなります。

【作り方】

① 小ナスのへたを取り、分量の塩水につけて重石を強くかけ、3日ほど漬ける。ざるに上げて水気を切り、ふきんでおさえて水気をふき取る。

② こうじはおよそ60℃に温めたみりん（小鍋に入れて弱火にかけ、煮立たないうちに火を止める）に入れてかき混ぜ、ぴったりふたをして10分ほど置く。これに砂糖を入れて混ぜ、そのまま冷ましてナスを漬け込み、密閉する。1週間ほどでこうじがなれておいしくなる。

ワンポイント ONE POINT
● 手軽に漬けたいときは、市販の濃い甘酒のもと1/2カップに砂糖を入れ、かきまぜて使ってもよい。

漬け時間 **1** 週間

【材料】

小ナス…500g
　塩…大さじ1 1/2
　水…1/2カップ

米こうじ…120g
みりん
　…大さじ2～3
砂糖…大さじ4

ナスと大根のみりんじょうゆ漬け

キュウリやセロリを合わせて漬けてもおいしい。

【作り方】

1. 大根は皮をむいて4つ割りとし、薄いイチョウ形に切る。ナスはへたを切り、厚さ1cmの輪切りにし、水にさらしてよくあく抜きをする。
2. ナスと大根に塩をそれぞれ分けて振り、よく混ぜ合わせてしばらく置く。
3. しょうゆ、水、みりんを煮立てて冷ます。
4. ②の水気をそれぞれ絞って容器に入れ、③を注ぎかけ、いったゴマとショウガ汁を落とす。押しぶたと重石をして4、5日漬けたら食べる。

- 食べ終わったらしょうゆ、みりんなどを足し、もう1度煮直して使える。赤トウガラシを入れてもよい。
- カビが生えた場合は、ふきんでカビをこし取って煮返して使う。

 漬け時間 **4、5日**

【材料】

ナス…300g
大根…100g
塩…大さじ1弱

しょうゆ…大さじ4
水…1/2カップ
みりん…大さじ3
ショウガ…1かけ
白ゴマ…少量

夏

ナスのからし漬け

つんとした辛さがやみつきになる一品です。

【作り方】
1. ナスは2つ割りにしてから厚さ2cmの半月状に切り、塩を振りかけて混ぜ、押しぶたと重石をして1晩漬ける。
2. 翌日①を絞り、Aの調味料を全部合わせた中にナスを入れてよく混ぜ、もう1晩漬ける。からしの風味が抜けるので必ず密閉する。
3. 冷蔵庫で保存する。漬けて3日ぐらいがおいしい。
4. からしの風味が次第に抜けるので食べる分だけ出し、後は密封して冷蔵庫に入れる。

 漬け時間 **3** 日

【材料】
ナス…500g
塩…大さじ 1½

A
- 洋がらし…大さじ 2〜3
- しょうゆ…大さじ 5
- 砂糖…大さじ 1
- みりん…大さじ 1½

 ●1週間ほどで食べ切る量を作らないと夏は味が変わりやすい。

大根とナスのべん漬け

いしるを使った能登の素朴な味です。

【作り方】
1. 大根は、太いものは縦半分に切り、厚さ約2cmの半月、または長さ4、5cmの拍子切りとし半日ほど干す。
2. ナスはヘタをとり縦半分に切り、塩を少々振りかけて塩みがきし、容器に入れる。①の大根も入れ、赤トウガラシも加え、いしるを注ぎ重石をする。
3. 2、3日もすれば味がなじむが、5、6日も経つと大根の中までいしるのしょうゆ色が紅く染まり(このため、べん漬けと言う)、色も味も一層おいしくなる。

 漬け時間 **5、6** 日

【材料】
大根…1本
ナス(中)…10個
いしる…1½カップ
赤トウガラシ …2〜3本
塩…少々

 ●そのまま大根もナスも食べてよいが、冬に網金の上で焼けば、香ばしく素朴な味わいを楽しめる。

ナスなんばのみそ漬け（当座用）

みそを使った伝統の漬けもの。

夏

【作り方】
① ナスの真ん中を、ヘタを取った方からはしで穴を開け青なんばを突っ込む。
② 長期のみそ漬けにする時は、下漬けの塩加減は10％ほどにし、約2週間漬けるが、当座用には5～6％の塩漬けとし、1週間ほど重石をしておく。
③ 容器の底にみそ1～2cmを平らに詰め下漬けしたナスの水気をよくふいて並べ、上に昆布をのせ、残りのみそをまた、1～2cmかぶせ、ラップできっちり密封しておく。
④ 10日目位から食べられる。

ワンポイント ONE POINT ●昔は各家庭で自家製のみそを作った時、みそ桶の底に野菜を寝かせた。このみそ漬け野菜のことを「まちがね」と言って3年も寝かせたものは塩辛い味の中にまろやかさが出て、色もべっ甲色になり、名前の通り食べる日を待ちかねるほどのおいしさだったと言う。

 漬け時間 **10** 日

【材料】
ナス(中)…20個(約1kg)
青なんば(小)…20本
塩…材料の5～6％
みそ…1kg
昆布…長さ5cm

86

丸ナスの浮き漬け

ナスのあくを抜いて、きれいな色に仕上げて。

【作り方】

① 薄い食塩水をたっぷり作っておく。丸ナスのへたを取って2つ割りにし、薄く半月形に切ってこの塩水につける。

② 大きなミョウガは2つ割りにしてから縦にざく切りにする。これも①の塩水につける。

③ 枝豆は塩を少量加えた熱湯で色よくゆで、豆をはじきだす。塩味が足りないときは豆に塩を少量振りかける。

④ 15分ほど塩水に漬けたナスとミョウガをざるに上げ、水気を切って丼などに入れ、分量の塩を水に溶かして注ぎかけ、浮かないように皿などを押しぶたにして20分ほど置く。

⑤ ナスからあく水が少し出るため、漬け水が黒ずむので、軽くナスとミョウガを絞り、塩を振って置いた枝豆と混ぜて盛る。あくが抜けてナスの色がきれいに仕上がる。食べる時は、しょうゆと化学調味料を少量振る。

ワンポイント ●ゆでた枝豆は水につけると味が落ちるのでつけない。

漬け時間 **20** 分

【材料】

丸ナス…1個
ミョウガ…2個
枝豆…少量
塩…適量

塩…小さじ1½
水…½カップ

ナスと野菜の刻み漬け

夏野菜を即席で楽しめます。

【作り方】
① ナスは2つ割りにして薄く切り、水にさらしてあく抜きをする。15分ほど水につける。
② ピーマンは2つ割りにして種とへたを取り、細く切る。
③ ミョウガも2つ割りにして薄く縦に切る。
④ 白ゴマはいって細かく刻む。
⑤ 水気を絞ったナスとピーマン、ミョウガを合わせて塩を振り、よく混ぜ合わせて皿などで軽い重石をし、30分ほどたったら水気を絞り、しょうゆとゴマを振りまぜる。

●ナスはしっかりとあくを抜かなければ、黒くなる。

 漬け時間 **30** 分

【材料】
ナス…1個	塩…大さじ1/2
ピーマン…1個	しょうゆ…小さじ1
ミョウガ…2個	白ゴマ…大さじ1

ナスの粕みそ漬け

塩漬けに成功したら、粕みそ漬けにも挑戦してみましょう。

【作り方】

1. 洗ったナスのへたを切り落とし、容器に底塩を振り、手早くナスを2つ割りにして、切り口を下に塩を押しつけてぎっしり並べる。ナスの上に塩を振り、またナスを2つ割りにして、塩の上に切り口を下にしてぎっしり並べる。
2. これを繰り返し、上部の方が下部よりも塩を多めに振り、押しぶたをしてナスの目方より重い重石をのせる。周りから差し水を容器の縁を伝わらせるように注ぎ込み、2週間ほどこのまま漬けておく。
3. 本漬けの準備はねり粕とみそをよく混ぜ合わせ、砂糖も分量を入れて混ぜる。次に、しょうゆとみりんを半々に混ぜたのを加減しながら入れてこね、少しゆるめに溶く。
4. 下漬けのナスを取り出し、ふきんで水気をよくふき取る。
5. 容器の底に粕みそ床を平らに敷き、ナスの切り口を上にしてぎっしり並べ、上を漬け床で覆って平らにおさえ、ナスを並べる。1番上を多めの漬け床で被せるようにする。
6. 上をラップで覆って密着させ、上ぶたをし、包装紙などをかぶせてひもで結わえる。1カ月以上経てば食べごろとなる。

 漬け時間 1カ月

【材料】

ナス…2kg	ねり粕…1kg
下漬け用の塩…150g	みそ…2kg
差し水…2カップ	砂糖…100g
	しょうゆ…1/2カップ
	みりん…1/2カップ

 ●食べる時はさっと水洗いして水気をおさえ、適当に切る。

塩漬けナスのおかか漬け

厚めに切ったナスとおかかがよく合います。温かいご飯とどうぞ。

【作り方】
① 塩漬けナス(→P.80)の塩が強い場合、塩味が少し残る程度に塩出しをして絞り、厚めの輪切りにする。
② しょうゆ、水、酒、砂糖を火にかけ、さっと煮立ててすぐ火を止め、削りかつおを入れ、そのまま冷ましておく。
③ ①に②の調味料をかけ、ショウガ汁を少量振り、全体を混ぜ合わせ、30分ほどしたら盛りつける。

●おかかの味が塩漬けナスをまろやかにします。

漬け時間 **30** 分

【材料】
塩漬けナス…5個
削りかつお
　…1/2パック(約3g)
しょうゆ…大さじ1
水…大さじ3
酒…大さじ1
砂糖…大さじ1
ショウガ汁…少量

ナス、ニンジン、キュウリの即席からし漬け

半日ほど漬ければ、色どり美しいからし漬けのできあがり。

【作り方】

① ナスとキュウリは厚さ5mmの輪切り、ニンジンは皮をそぎ取り、2つ割りにして厚さ2mmの半月切り、別々に塩を振っておく。このときニンジンにやや多めに塩を振る。
② 5分後にそれぞれを水気を切って交ぜ合わせて容器に入れる。
③ 洋からし粉と砂糖をよく混ぜ合わせて置いたものを振り込み、しょうゆ、酒も振って手早く全体を交ぜて平らにし、ラップを密着させ、押しぶたと重石をのせる。

● 重石は野菜の分量の2倍とする。

 漬け時間　**半 日**

【材料】

ナス…4個(約250g)	洋がらし粉…大さじ2
キュウリ	砂糖…大さじ2
…2本(約200g)	しょうゆ…大さじ2
ニンジン…30g	酒…大さじ2
塩…大さじ1強	

ひと手間　塩漬けナスのベーコン漬け

漬けものとベーコン。意外に合うんです。

【作り方】

① 塩漬けナス(→P.80)は、塩気が強いときは塩味が少し残る程度に塩抜きして絞り、厚めの輪切りにする。
② ベーコンは小口から細く切り、フライパンを熱して焦がさないようによくいため、冷ましておく。
③ ナスと②をよく混ぜ、ショウガ汁を少量振り混ぜ、15～20分位したら盛りつける。

【材料】

塩漬けナス…5個
ベーコンうす切り…2枚
ショウガ汁…少量

● いためる時はベーコンから出る油を利用する。

ニンニクのしょうゆ漬け

漬け汁まで使える一品。

【作り方】

1. ニンニクはよく乾燥し、粒のそろったものを選んで根を切り取る。1片ずつ皮をむいてきれいに洗い水気を切る。次に塩をまぶして半日ほどおいてからざるに取る。
2. さらに半日ほど天日に干してから広口びんに入れる。
3. しょうゆと酒を②に注ぎ込む。ニンニクが十分かぶるだけ入れた方が良い。
4. 1週間で食べられるが、やはり1カ月経たないとよく漬からない。

ワンポイント

● ニンニクの酢じょうゆ漬けの場合、干して広口びんに入れるところまでは前と同じ。次にしょうゆ4、みりん1、食酢1の割合にした調味料を一煮立ちさせて冷まし、前と同じようにニンニクがかぶるだけ入れる。

● ニンニクの甘酢漬けの場合、前のように半日ほど塩にまぶし、下漬けしたらさっと水洗いする。この後、1粒ずつ水気をふく。甘酢は酢1、砂糖1に塩1/20位を合わせ一煮立ちさせ、冷めたら注ぐ。

● 漬け汁は野菜や肉、魚などをいためるときの調味料や、ギョーザ、シュウマイ、揚げものなどのつけ汁になる。

 漬け時間 **1** カ月

【材料】

ニンニク…10株ほど	本漬け用しょうゆ
下漬け用塩	…2 1/2 カップ
…大さじ2 1/2	酒…1カップ

ニンニクのみそ漬け

漬け方簡単。さまざまな料理に活用できます。

【作り方】
① ニンニクは5分ほど蒸すか、熱湯に入れて3分ほどゆでたら広げてよく冷まし、水分をふき取る。
② みそと酒を混ぜ、ニンニクをみその中にまぶし込み、密閉する。
③ 3週間ごろから食べられる。夏はみそにカビが生えるので冷蔵庫に入れる。

 ●ニンニクのみそ漬けはこのままのほか、いためものやその他の料理に刻んで入れてもよい。みそもまた料理に使える。

 漬け時間 **3** 週間

【材料】
皮をむいたニンニク…500g
みそ…500g
酒…1/2カップ

枝豆とナス、ミョウガの即席漬け

ミョウガの味がきいた手早くできる漬けものです。

【作り方】
① ゆでた枝豆ははじき出しておく。
② ナスはへたを取って2つ割りにし、小口から薄く切って水にさらす。
③ ミョウガも2つ割りにして縦に薄く切り水にさらす。
④ ナスとミョウガを水につけて15分位あく抜きをしたらざるに取り、ナスは塩小さじ1½を振りかけて軽くもみ、水気を絞る。
⑤ 水の切れたミョウガとナス、枝豆を混ぜ、しょうゆを振って混ぜ合わせ、10分ほど置いて味をなじませる。

 漬け時間 **10** 分

【材料】
ナス…4個
ミョウガ…3個
枝豆…20サヤ
塩…小さじ1½
しょうゆ…小さじ1
削りかつお…適量

 ●削りかつおを振り、食卓に出します。

ミョウガタケの梅酢漬け

ビン漬けで簡単。
夏に食べたくなる
さっぱりとした味わいです。

【作り方】
① 塩を少量加えた熱湯でミョウガタケをさっとゆがき、広口びんに入れる。
② ①に赤梅酢、水、砂糖を入れてよく振る。ミョウガタケが隠れるほどに漬け汁を加える。
③ びんの口が金属製のときは、間にラップを挟んで口をしめ、涼しいところに置く。
④ 翌日から茎が紅色に染まったものから食べる。

 漬け時間 **1** 日

【材料】
ミョウガタケの茎だけ　…150g
塩…少量
赤梅酢…1/2 カップ
水…1/2 カップ
砂糖…大さじ5

 ●このまま料理の添えものにしたり、薄く刻んで他の漬けものなどの色どりに使うとよい。

夏

ミョウガの粕漬け

生のミョウガはみそ汁や即席漬けがお勧めですが、塩漬けしたものを粕やみそに漬けてもおいしいですよ。

【作り方】
❶ ミョウガを洗って水切りし、分量の塩水につけ、押しぶたと重石をして2日ほど漬け、ざるに上げて半日ほど日陰干しにする。
❷ 容器にAの調味料を合わせ、①を入れ密閉する。
❸ 1週間ほど置き、下漬けの塩味が抜け粕の味がしみ込んだところで、粕のついたまま食べる。このときに食べやすい大きさに切る。

ワンポイント ONE POINT
● もっと長期間漬けておくときは、下漬けの塩を2倍ほどに強くし、漬けておく期間も1週間くらい長くする。本漬けにしてからも1カ月ほどたたないと、ミョウガの塩味が抜けないので、注意する。

 漬け時間 **1** 週間

【材料】
ミョウガ…200g		酒粕…150g
塩…大さじ1	A	砂糖…50g
水…1カップ		みりん…大さじ1

ミョウガのみそ漬け

ミョウガの風味を逃さず、上手に漬けこみましょう。

【作り方】
① ミョウガを洗い、たっぷりの水に酢を加えた中に2時間ほど浸し、半日くらい風干しする。
② みそ、砂糖、みりんを混ぜ合わせる。
③ 平らな器に②を2cmほどの厚さに敷き、上にガーゼを広げ、ミョウガを並べた後、ガーゼをかぶせて、またみそをのせる。みそ、ガーゼ、ミョウガ、ガーゼ、みそを繰り返し、最後にみそでおさえた上にラップを密着させてふたをする。
④ 冷蔵庫や涼しいところにおくと、3日ほどで味がなじむ。

ワンポイント ONE POINT
● みその中に赤トウガラシ粉を振り込んだり、ねり粕適量をよくこね合わせてもおいしくなる。
● ガーゼで挟まず直接みそに漬けてもよい。
● 魚料理の付け合わせや酒のつまみにお勧め。

漬け時間 **3** 日

【材料】
ミョウガ…400g
酢…大さじ3

みそ…800g
砂糖…大さじ3
みりん
　…大さじ2、3

96

ミョウガの甘酢漬け

酢の力でミョウガの色が赤く美しくなります。

【作り方】
1. ミョウガは酢と塩（分量外）を少量入れた熱湯でさっとゆがき、ざるに上げて冷ます。
2. 甘酢は分量の酢、砂糖、塩を合わせて煮立て冷ましておく。
3. 甘酢にミョウガを漬けて密閉する。

 ワンポイント ONE POINT
- 半日ほどで食べられるので、適当に包丁を入れたり、他の料理と組み合わせてもよい。
- 漬けて10日ほどまでは退色しないが、それ以上経つと色があせる。

 漬け時間　半日

【材料】
ミョウガ…300g
酢…1カップ
砂糖…大さじ5
塩…小さじ1

ミョウガの紅酢漬け

ビンを使ったお手軽な一品。付け合わせ用にあると便利です。

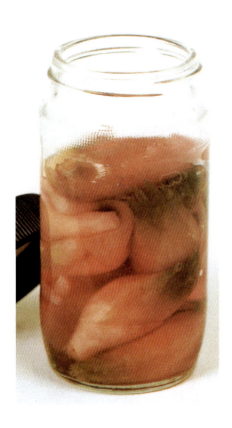

 漬け時間 **2** 日

【材料】
ミョウガ…20個
赤梅酢…大さじ5
砂糖…大さじ3
塩…小さじ1/2

【作り方】
❶ミョウガは2つ割りにして、日なたで1日干して水分を除く。
❷分量の赤梅酢に砂糖と塩をよく混ぜて溶かしておく。
❸干したミョウガをびんなどに詰めて②の漬け汁を注ぎ込む。
❹2日ほど経つと美しい紅色になる。
❺漬けてから4日くらいまでは色が美しい。

●料理の付け合わせや他の漬けものと混ぜ合わせると彩りがよくなります。

メロンの粕漬け

熟す前の若いメロンでどうぞ。

【作り方】
① メロンは若く堅いものが良い。縦2つ切りにし、スプーンで種をすくい取り、その中へ、くり抜いた部分が埋まるように塩をしっかりと詰める。切り口を横向きにし、背と腹が重なるように容器に詰め押しふたと重石をする。
② 1昼夜で水が上ったら1日陰干しにする。
③ 以前、使用した抜き粕に焼酎を加えた粕床で、塩抜きの味をみながら1、2日漬けかえる。
④ 本漬け用の粕は、砂糖と焼酎とみりんでよく練り、粕床を作る。
⑤ 容器に粕を3cm敷き、メロンのへこんだ部分にねり粕をたっぷり詰め、メロンの切り口と背が重なるように並べ、1番上に粕床はたっぷりとかぶせるようにのせ、ラップで覆う。ふたをしてセロテープで目張りし、できるだけ涼しいところにおく。

漬け時間 **2** カ月

【材料】
プリンスメロン(小) …5個
粗塩…適量
抜き粕…適量
焼酎…適量
酒粕…2kg
みりん…1カップ
砂糖…100g
焼酎…適量

● 2カ月目から食べ始められる。

らっきょうの甘酢漬け

カレーライスにはやっぱりらっきょう。無いと物足りない定番の漬けものです。

夏

【作り方】

❶ らっきょうは、泥つきで根が堅くしまり、粒がそろっているものを選び、泥をよく洗い落して茎とひげを切り落す。

❷ きれいに洗ったら、分量のらっきょうを全部入れると7分目位まで埋まる容器に、よく水気を切ったらっきょうを入れ、上から分量の塩をのせる。

❸ 沸騰した湯を、②のらっきょうの上へ注ぎ、らっきょうが浮き上らないように上から落しぶた（鍋ぶたでもよい）をしてそのまま約5日から1週間置く。

❹ 塩加減を見て塩辛い時は、4、5時間ほど水につけて塩抜きし、ざるに上げて水気を切る。8％ほどの塩で下漬けした場合は塩抜きせず、そのまま使ってもよい。

❺ 鍋に分量の砂糖、酢を入れ1度煮立て砂糖を溶かし、よく冷ましてから赤トウガラシを加える。

❻ 広口のびんに④のらっきょうを入れ、上から冷めた甘酢を注ぎ密閉しておく。

❼ 材料が汁の上から出ないように皿1枚位のせる。

漬け時間　**1 カ月**

【材料】

らっきょう…2 kg
塩…160〜200 g（生らっきょうの8％〜10％）
熱湯…適量
酢…6 カップ
砂糖…300 g（好みで加減してよい）
赤トウガラシ…5〜6本

ワンポイント ONE POINT

● 生で塩漬けするよりも、熱湯をかけた方がシャキシャキ感が残る。
● 長く漬けておくほど色も味もよくなるが、食べられるのは1カ月目から。

【秋の漬けもの】

食欲の秋。新米のお供に漬けものは欠かせません。秋の味覚を引き立たせる「名脇役」が食卓を彩ります。

ナスの粕漬け

酒粕の風味とべっこう色が特徴の秋になると食べたくなる一品。

漬け時間 **2** カ月

【材料】
丸ナス…25個
塩…適量
酒粕…4kg
砂糖…1kg

- 2カ月ほど漬けておくと、ナスの色は薄緑色になり、風味もよくなる。
- 年末ごろからはべっこう色になり、酒粕の風味が高い漬けものになる。
- ナスは新鮮な傷のないものを使うこと。
- 熟し過ぎていたり、皮に傷があったりすると、皮や中身に黒い点が出たりする。
- ナスは必ず1個ずつ切って手早く塩をつけて漬け込む。

【作り方】
❶ 粕床にする酒粕と砂糖を、よく混ぜ合わせておく。
❷ ナスは洗って乾いたふきんで水気をふく。
❸ 容器の底に厚さ約3cmの粕床を平らに敷く。
❹ ナスは1個ずつへたを切り落とし、2つ割りにしてすぐに切り口に塩をつける。少しこすると切り口に塩が真白につくので、これを下向きに粕床におさえるように並べる。
❺ この方法を繰り返し、1列に並べたら上を粕床でしっかり覆い、平らにして同じ方法でナスを並べる。
❻ 1番上には粕床を厚めにのせ、平らにならし、しっかりおさえる。
❼ ラップで空気が入らないように覆う。
❽ 密封して涼しいところに置く。気温が高いときは冷蔵庫に入れる。

ギンナンの粕漬け

独特の香りが食欲をそそる一品。
前菜や酒の肴(さかな)にどうぞ。

【作り方】
① ギンナンの中身を取り出す。
② 鍋に①を入れ、ひたひたの水に塩を少し加え煮立て、穴杓子の外側でギンナンをこすりながらゆでる。水が不足したら少し湯を足して、こすりながらさらにゆでると薄皮がむけ、透明感が出てくる。薄皮のむけないものはゆで上げてからむく。ざるに上げて水気を切る。
③ 酒粕、みりん、塩をよく混ぜ合わせ、容器に広げ上にガーゼを敷き、ギンナンを並べてガーゼ、粕床でしっかり覆い、香りが飛ばないようにラップを床に密着させて冷蔵庫に入れる。
④ 1週間ほどで取り出し、料理の前盛りや酒の肴に1品として盛り付ける。

● ガーゼを敷かずに粕床とまぶして漬け、盛りつける時に粕を落としても良い。
● ギンナンの皮に傷をつけたら、フライパンに入れ皮に焦げ目がつくまで空いりしてもよい。割れ目がないと飛ぶので必ず割れ目を入れる。
● 皮が少し焦げたら火から下ろし、皮をむくと中身が透明な緑色に焼けている。不透明なのは皮をむいてもう1度いりなおす。

 漬け時間 **1** 週間

【材料】
ギンナン…30粒
塩…少量

酒粕…150g
みりん…大さじ2
塩…小さじ1

ギンナンのしょうゆ漬け

ギンナンを保存する時に便利な一品。

【作り方】
① ギンナンは小鍋に入れ、ヒタヒタの水を加え火にかけ、穴のあいたお玉でこすり薄皮をとる。
② 調味料を全部合わせた中にギンナンを入れ、ときどき混ぜて半日置き、2、3個ずつようじなどにさす。

●ギンナンの食べ過ぎには気をつけましょう。

漬け時間　半日

【材料】
ギンナン…30粒
しょうゆ…大さじ2
砂糖…小さじ1
粉トウガラシ…少量

ギンナンのみそ漬け

ギンナンの風味を損なわないように丁寧に作りましょう。

【作り方】
① ギンナンの準備は「ギンナンのしょうゆ漬け」と同じ。
② みそとみりんを合わせたものに2日ほど混ぜておき、みそを落として盛りつける。

●みそには好みで砂糖やトウガラシ粉を少量振り込んでもよい。香りに特徴のある香辛料は、ギンナンの風味をこわすので避ける。

漬け時間　2日

【材料】
ギンナン…30粒
みそ…100g
みりん…大さじ1

矢羽根レンコンのあちゃら漬け

御祝膳に盛り合わせる一品。レンコンは斜め切りにして、矢羽根形に。

【作り方】

❶たっぷりの水に酸味を感じる程度に酢を落とす。レンコンの皮をむき1.5cmほどの厚みに斜め切りにし、切ったらすぐ水に漬ける。約20分、酢水に浸しておき、別に水1ℓに酢大さじ1を落とした湯でレンコンをゆでる。

❷レンコンを平たいホーロー引きの流し箱などに並べる。Aの調味料と水、種を抜いた赤トウガラシの薄い輪切りを合わせ、一煮立ちさせて熱いうちに注ぎ込む。レンコンが浮かないように皿などで重石をして半日以上置く。

❸使うときは1切れごとのレンコンの中央に、下まで切り落とさない程度に包丁目を入れ、切り口が平らになるように開くと矢羽根の形になる。座りの悪いときは下になる方を矢羽根形にしてから少しそぎ落とす。

漬け時間　**半 日**

【材料】

レンコン…300ｇ
酢…適量

A ｜ 酢…1½ カップ
　　みりん…大さじ4
　　砂糖…½ カップ
　　塩…小さじ1½

水…½ カップ
赤トウガラシ…1本

●矢羽根にしないで、レンコンの外側の穴と穴の間に三角に包丁を入れて切り取り、そっと周りを切り落とすと花形になる。これを薄く切ってゆでると花形レンコンになる。生で花形に切りにくいときは、4cmくらいの輪切りにして、ゆでてから角を落とし薄く切る。

●あちゃら漬けは阿茶羅漬けと書き、甘酢にトウガラシを加え野菜を漬けこんだ酢漬けの一種。アチャラの語源は、ポルトガル語で漬けものを意味する「アチャール」からと言われる。

レンコンと昆布の酢じょうゆ漬け

レンコンに昆布のうまみを加えます。常備菜としてお弁当の脇役に。

【作り方】

❶ レンコンの皮をむき、2つ割にして半月形に薄く切りながら、酢を落とした水の中に入れる。切り終わって約20分、酢水に漬けてあく抜きをする。

❷ 熱湯に酢を落とし、水気を切ったレンコンを入れてゆで、ざるに上げて水気を切る。

❸ 昆布はぬれぶきんでふき、はさみで長さ2cmに細かく切る。赤トウガラシは種を抜いて細かく刻む。市販の刻み昆布を使ってもよい。

❹ Aの調味料を合わせて一煮立ちさせ、②と昆布、トウガラシを入れて混ぜる。

❺ 皿など2、3枚重ねて押しぶたにしておき、ときどき混ぜ1日くらいおけば味がしみる。

ワンポイント ONE POINT

● 急ぐときは煮立てた調味料とレンコンを合わせ時々、混ぜて、冷めるまで半日おくと味がしみる。

● 細かく切った塩昆布を適量に使うときは、漬け汁を煮立てる際に塩はいらない。

 漬け時間 **1日**

【材料】

レンコン…200g	薄口しょうゆ…大さじ3
酢…適量	塩…小さじ½
昆布…15cm	A 酢…大さじ5
赤トウガラシ…1本	砂糖…大さじ3
	酒…大さじ2

レンコンの松前漬け

レンコンのしゃきしゃきとした食感を味わえる一品です。

【作り方】
1. レンコンの皮をむき、2つ割にして薄く切る。
2. 熱湯2カップに酢大さじ1の割合のお湯でレンコンを固めにゆでる。
3. Aを合わせ一煮立ちさせ、火からおろして細く切った昆布とするめを入れ冷ましておく。
4. 冷めたレンコンの水気をよく切り、③に入れ、種を抜いた赤トウガラシを加える。溶きがらしも入れてよく混ぜる。
5. 押しぶたと重石と上ぶたをし、4、5日漬け込む。

●作り置きしておくと何かと便利。

 漬け時間 **4、5日**

【材料】
- レンコン…300g
- 酢…適量
- A
  - 酢…3/4カップ
  - 水…大さじ3
  - 酒…大さじ2
  - 砂糖…大さじ5
  - しょうゆ…小さじ1
  - 塩…小さじ1½
- 昆布…長さ5cm1枚
- するめ…½枚
- 赤トウガラシ…1本
- 溶きがらし…小さじ½

レンコンのクルミ酢漬け

生のクルミが手に入りにくい時は佃煮の専門店などで販売している崩したクルミを利用してもよい。

【作り方】

① レンコンは皮をむき、輪切りか半月形に薄切りにし、酢を落とした水につけた後、酢入りの水でゆでてざるにあげ、水気を切っておく。

② クルミはさっと湯がき、取れる薄皮を取り、よくすりつぶす。

③ ボールなどにレンコンとクルミを入れ、Aの調味料と水を合わせ、一煮立ちさせ注ぎかけ、よくかき混ぜて皿などでふたをして半日ほどおく。

- 全体がうす紫色になるが、クルミのあくなので差し支えない。
- ねり辛子を添えて食べる。
- クルミの薄皮をむきたいときは、クルミをぬるま湯につけておき、竹ぐしなどで皮をむき取る。

 漬け時間 **半 日**

【材料】

レンコン…150ｇ		酢…½カップ
酢…適量	A	砂糖…大さじ4
クルミ(大)…2個		塩…小さじ1
		水…大さじ2

レンコンの粕漬け2種

① 古代米詰めレンコンの粕漬け

レンコンと合う古代米のもっちりとした食感を楽しみましょう。

秋

【作り方】
❶ レンコンは皮をむき、酢水に20～30分漬けてあくを取る。
❷ レンコンが丸ごと漬かる鍋に入れ、塩大さじ1、酢少々を入れ20～30分ゆでる。竹串を刺し、すっと通るようになったら、ざるに上げて冷ます。
❸ 古代米は洗って、同量の水加減にして1時間ほど置く。
❹ 炊飯器で炊きあげ、熱いうちに塩少々で味をつけ、しゃもじでご飯粒をつぶすようによく混ぜる。
❺ ①のレンコンにご飯を詰める。
❻ 練り粕に分量の砂糖とみりんを加え、まんべんなくよく混ぜ合わせ粕床を作る。
❼ 漬け容器に⑥の練り粕の半量を入れ、その中へ⑤のレンコンを入れ、上から残りの練り粕をたっぷりかけ、さらに上からラップで覆って冷暗所で2、3日粕に漬ける。
❽ 粕床から取り出し、粕をよく落として3、4mmの厚さに切る。

● 古代米がしっかりと中に入るようにトントンと叩くように詰める。

 漬け時間 **2、3**日

【材料】
レンコン（小、1節）
　…200～300g
塩…大さじ1
酢…適量
ご飯
　古代米…½カップ
　水…同量
　塩…小さじ¼

粕床
　酒粕（練り）…1kg
　砂糖…150g
　みりん
　　…大さじ2½

110

❷ 加賀れんこんのあけぼの漬け

加賀れんこんと鮭の紅白の色合いがめでたく、お祝いの席や正月料理にも合います。

【作り方】
❶ レンコンは「古代米詰め」と同じくゆでて冷ます。
❷ 塩鮭は皮をはぎ、骨などが残っていないかをよく調べて適当な大きさに切り、フードプロセッサーにかける。
❸ 鮭を冷めたレンコンの穴に詰め込む。
❹ 「古代米詰め」と同じように作った粕床に漬け込む。

●レンコンを縦に持って鮭にこすりつけると、身が詰めやすい。

 漬け時間 **2、3**日

【材料】
加賀れんこん(小1節)
　…200～300g
塩…大さじ1
酢…適量
塩鮭(辛口、2切)

粕床
酒粕(練り)…1kg
砂糖…150g
みりん
　…大さじ2½

レンコンのからし漬け

ぴりっと辛味の効いたレンコンは酒の肴、おつまみなどに合います。

【作り方】
1. レンコンは皮をむき、乱切りにして酢水に30分漬けてあくをぬき、ゆでる。
2. ざるに上げ、風干しをしてから、塩を振って1晩置く。
3. からしは熱湯でとき、辛味が出たら、砂糖、酢、しょうゆを加えて混ぜる。
4. 漬け込む容器にレンコンと③の漬け汁を注ぎ、軽く重石をして4、5日目から食べ頃を迎える。

●からしは手早くかき混ぜる。

漬け時間 **4、5日**

【材料】
レンコン…300g
酢、塩…少々

漬け汁
- からし…大さじ1½
- 砂糖…少々
- 酢…大さじ2
- しょうゆ…大さじ2

レンコンの翁漬け

しけて固くなったとろろ昆布は、漬けものの材料として再利用しましょう。

【作り方】
1. レンコンは皮をむき、厚さ2mmの半月切り、酢水に約30分さらしてあくを抜く。
2. レンコンを竹串が通るくらいまで茹でる。
3. 漬け汁を一煮立ちさせ、冷ます。レンコンも漬け汁も冷めたら、ホーローまたはガラス容器に入れる。とろろ昆布はほぐすように、赤トウガラシは種を出して一緒に入れる。
4. 軽い重石をして、冷蔵庫で3、4日ほど味をなじませる。

ワンポイント
● 重石の目安は皿1、2枚ほど。

 漬け時間 **3、4日**

【材料】
レンコン…300g
酢…少々
とろろ昆布…適量
赤トウガラシ…1本

漬け汁
酢…1/3カップ
水…1/3カップ
砂糖…大さじ4

コラム② 覚えよう 便利な手秤（てばかり）

漬けもの作りには欠かせない塩。1回ずつ秤（はかり）を用いるのも何かと手間です。あらかじめ、自分の手の一握り、一つまみの量を知っておくと便利です。
※手の大きさによって、多少の違いはあります。

塩の手秤

① 一握り＝大さじ約2

② 3本指でつまむ＝小さじ1/5

③ 2本指でつまむ＝小さじ1/8〜1/10

刻んだ野菜の手秤
① 両手で一すくい＝約200g
② 片手で一すくい＝約100g

渋柿の塩漬け

塩漬けにしておけば、冬に食べても秋の柿と変わらぬ味。

【作り方】
❶ 10kgの柿が隠れるくらいの塩水を作り、その中に柿を入れ1カ月漬ける。
❷ 1カ月くらい漬けると、渋もぬけておいしい柿が食べられる。

●なるべく多く漬けて、冬の楽しみにしましょう。

漬け時間 **1** カ月

【材料】
渋柿…10kg　　塩…500g

秋

114

渋柿のみそ漬け

渋柿もみそに漬ければ味わい深くなります。

【作り方】
1. 渋柿は洗ってヘタを取り、水気をふく。
2. みそに砂糖、焼酎を混ぜ合わせ、深めの容器に①の柿が顔を出さないようにしっかりと漬け込む。容器の口をラップで覆って、冷暗所に保存する。
3. 1カ月ほどで渋が抜ける。
4. 食べる時は必要な分だけ出し、皮をむいて薄く切る。大根やキュウリの薄切りと合わせれば、サラダ感覚で若い人にも喜ばれる。

 ●自宅の庭など身近に柿が手に入る人は、ぜひ挑戦してみましょう。

 漬け時間 **1** カ月

【材料】
渋柿…1kg
みそ…1kg
砂糖…80〜100g
焼酎…80cc

リンゴの塩漬け

漬けものにすることで生のリンゴとは違った甘酸っぱい風味がでます。

【作り方】
1. 塩と水を合わせてかき混ぜながら、煮溶かして冷ます。
2. ホーロー引きの漬けもの容器にリンゴを並べ、浮かないように3倍ほどの重石をのせ、塩水を注ぎかける。
3. 上ぶたをして涼しいところに置き、2カ月くらいで食べ始める。
4. 気温が高く、カビが発生したら、カビを取り除き塩水に塩を少し足して煮返し、冷まして注ぎかける。

- このまま食べてもよし。また、サラダ、料理のつけ合わせ、いためものに使ってもよい。

漬け時間 **2** カ月

【材料】
紅玉リンゴ…5個(約1kg)
塩…200g
水…3.5ℓ

シメジの酒塩漬け

ダイコンおろしやレモン、ユズなどを添えてどうぞ。

【作り方】
1. シメジを塩水でよく洗って石づきを取り、水気を切って皿にのせ5分ほど蒸して冷ます。
2. 大きければ適当に切り分け、シメジの目方の2%位の塩と酒を少量振りかけて混ぜ、皿などでふたをして半日くらい置く。

- 酒塩で漬けると、シメジの肉質がしまり、歯ごたえがよく、酒の肴に合う。

漬け時間 **半** 日

【材料】
シメジ…400g
塩…シメジの目方の2%
酒…少量
ダイコンおろし…適量
レモン…適量
ユズ…適量

雑キノコの塩漬け①

山の幸を長く楽しめる一品。

【作り方】
1. キノコは石づきをつけたまま、ぬるま湯できれいに洗い、水ですすぐ。
2. 少量の水で火にかけ、キノコから水が出るので蒸し煮の状態でさっと火を通す。ざるに上げて広げ水分を切って冷ます。
3. 容器の底に塩を少し振り、キノコと塩を交互に入れ、1番上は多めに塩をして、笹の葉か包装用に市販されている竹の皮などでキノコを覆い、押しぶたとキノコの目方くらいの重石をのせる。
4. このままで2年くらいは保存できる。

- 塩抜きは水に入れ2、3回水をかえる。急ぐときはたっぷりの熱湯でさっとゆいて、そのまま火からおろして冷めるまで置き、冷めたらまた水をかえる。
- 塩抜きしたら石づきを取って調理する。石づきは鉛筆を削るときのように先を斜めに切り落とし、なるべくキノコの損失を少なくする。

漬け時間 約 **3** カ月

【材料】
雑キノコ…500g　　塩…150〜180g

雑キノコの塩漬け②

キノコ採りが趣味で、何度も山に入る人はこの方法で漬けて。

【作り方】
1. 水1ℓ当たり塩30〜35gを入れ、よくかき混ぜてから煮溶かし、冷ましたものを桶などに用意する。
2. 採ってきたキノコは洗わず、石づきもついたままこの塩水の中に入れる。軽い押しぶたと重石をし、新しく採ってきたものを次々と漬ける。
3. 塩抜きは熱湯でさっとゆで、冷めるまでそのまま置き、さらに2、3回水をかえる。

- 使う時、必要な分だけ取り出して塩抜きし、ゆでて冷めてから石づきなど汚い部分を取って使う。

漬け時間 **3** カ月

【材料】
雑キノコ…適量　　塩…適量
水…適量

シメジのむらさき漬け

ヒラタケやエノキダケ、雑キノコなどにも応用できます。

秋

【作り方】
① シメジは石突きをとり、株は適当に割いて小さくし、大きなシメジは2つに切ったり適当に割く。
② 塩を少量落とした熱湯にくぐらせ、すぐざるに広げて冷まし、水気を切る。
③ Aの調味料を合わせた中に漬け、粉トウガラシを振りかけ、軽い重石をして1晩おけば頂ける。

●山で採ってきた物は新鮮だが、市販のキノコを利用してもよい。

 漬け時間 **1** 晩

【材料】
シメジ…300g
塩…少量

A ｛ しょうゆ…大さじ3
みりん…小さじ1
砂糖…大さじ1
粉トウガラシ…少量

【冬の漬けもの】

寒くなると漬けものがおいしくなります。雪深い北陸で生まれた保存食は、誇るべき食文化のひとつです。

小カブの早漬け

冬の味覚を手早く漬けものに。

【作り方】

1. カブは茎を2、3cmくらい付けて縦半分に切り、小口から薄切りにする。葉先のきれいな部分は長さ2、3cmほどに。茎は2cmに切る。
2. ニンジンは皮をむき、長さ3cmの千切りにする。
3. レモンの皮は黄色の部分を切り、千切りにする。
4. 沸騰した湯に塩大さじ1を加え、最初は茎の堅い部分、次に葉先を入れて一呼吸置き、すぐざるに取って水をかけ、手早く冷ます。
5. ボールか食卓用の漬けもの容器にカブの薄切りと固く絞った茎葉先、ニンジン、レモンの皮、塩を加え、全部よくまぜて重石をのせるか、漬けもの容器の場合はねじで締める。約30分で漬かるので、しょうゆを少々かけて食べる。

 ●レモンの皮が無ければユズの皮でも良い。

 漬け時間 **30分**

【材料】

小カブ…1把(400g)　塩　全材料の2%
ニンジン…20g　　　　大さじ1
レモンの皮…少々

小カブのやたら漬け

ご飯のおかずにぴったり。

【作り方】
① カブは皮をむき、そのまま薄切り。
② 塩をして重石をかけて2、3時間、下漬けする。
③ 水が上がったら水気を絞り、刻み昆布と細かく糸切りしたするめを合わせる。
④ 甘酢にほんのり色づく程度のしょうゆを加えた中にトウガラシも入れ、一緒に1晩以上漬け込む。

 ●大きいカブは半月かイチョウ切りにする。

 漬け時間 **1晩**

【材料】
小カブ…5、6個
（約300g）
塩…小さじ1/2
刻み昆布…10g
するめ…1/4枚

甘酢
┌ 砂糖…大さじ2
│ みりん…大さじ1
└ 酢…1/4カップ
しょうゆ…少々
赤トウガラシ…1本

ひと手間

カブのいり漬け

歯ざわりを残すため、いためすぎないように。

【作り方】
① カブは皮をむき半分に切って、薄切りとする。
② ユズの皮は黄色の部分を千切りとする。ユズのしぼり汁が1個で足りない場合、酢を加える。葉は縦に包丁目を入れて刻み絞る。
③ 鍋に①のカブを入れて火にかけ、中火でさっとからいりする。
④ 温まってきたら、分量のしょうゆとユズのしぼり汁を加えながら、火が通ったユズを混ぜ、すぐに火を止める。

【材料】
カブ…中2個（500g）
ユズ…大1個
しょうゆ…大さじ2
ユズのしぼり汁…大さじ2 1/2
七味トウガラシ…少々

 ●ユズのしぼり汁が足りない場合は酢を加えてもよい。

小カブとキュウリの三五八漬け

三五八床は塩3、米こうじ5、米8を配合した漬け床で、市販されている。独特の甘みを楽しみましょう。

【作り方】

1. 小カブは茎を切り落として皮をむき、2つに割って薄く切る。キュウリは板ずりして小口から切る。両方に塩を少し振り混ぜ、軽く重石をする。
2. 中くらいのナスは縦2つ切りとし、小口から3mmの厚さに切り、水につけあくを抜き、①と合わせ重石をする。
3. だし昆布は細く切り軽く空いりして冷ます。赤トウガラシは種を抜いて薄く輪切りにする。
4. ②がしんなりしたらよく水気を絞り、赤トウガラシ、昆布とともに三五八床に包むようにしてふたをし、2時間ほどおいて三五八の塩がなじんだらそのまま食べる。
5. 甘酒を使う時は、塩が入っていないので全体に塩を少し振り混ぜ、やはり2時間ほど置く。

- 冷蔵庫に入れて保存しましょう。
- 三五八床が市販されているので、忙しい方は利用してもよい。

 漬け時間 **2** 時間

【材料】

小カブ…5個	だし昆布…少量
キュウリ…1本	赤トウガラシ…1/2本
塩…少量	三五八床(または濃い甘酒)
ナス…3個	…1/2カップ

冬

小カブの甘酒漬け

甘酒の甘さ、トウガラシの辛みが素材のうまみを引き出します。

【作り方】
1. 小カブは葉を切り落とし、茎のつけ根をきれいにして4つ割りにする。分量の塩で2日ほど塩漬けにして取りだし、汁気をよく切る。
2. 市販の甘酒のもとに千切り昆布、種を抜いて薄く輪切りにした赤トウガラシを混ぜた中に小カブを漬け込み、冷蔵庫に入れる。
3. 半日ほどで食べられる。

●漬け床はまた使えますが、水分が多くなり、次に漬ける分がすっぱくなりやすいので、1度漬けた床は火にかけて固くし、冷まして使う。

漬け時間　半日

【材料】
小カブ…800g　昆布…10cm
塩…35g　赤トウガラシ…2本
甘酒…500g

かぶらずし

加賀百万石と呼ばれた藩政時代から伝わる金沢の食文化の筆頭格。気候風土が育てた北陸の味です。

 漬け時間 10〜14日

【材料】(25切れ分)

カブ…大13個(約12kg)
塩(カブの葉やへたを落とした物の3〜4％)
　　　　　　　　　　　　　　　…360g

ブリ(ガンドでもよい)…正味約1kg
塩(粗塩がよい)…適量

こうじ…1枚
米…3〜4カップ
熱湯…1〜2カップ

ニンジン…中1本
赤トウガラシ…3〜4本
ユズの皮…大1/2個分

最初に食べる日から日数を逆算すること。

【作り方】

❶40日前（ブリの塩漬け）

　ブリは脂ののった能登のブリがよい。骨と皮をはずし、カブ1切れにつき約30g用意し、さくどり（長方体）にして容器に入れて塩の中に埋めるようにして漬けこむ（精製された塩ではブリがロースハムのような色にならないのでなるべく粗塩を使った方がよい）。砥石（といし）ほどの重さの重石をして本漬けする日まで冷蔵庫か涼しいところに置く。

❷25日前（カブの塩漬け）

　カブの天地を切り、小振りの物はそのまま2枚の輪切りとする（1個から2切れとる）。1枚ごとに8分通りの切り目を入れる。漬け桶は前に漬けたものの移り香が残らないよう2、3日前から水を張り、よく洗い乾かした物に、カブの重さの3、4％の塩を用意して、塩とカブと交互に上ほど塩を多めにして塩漬けする。葉も朽葉を除き、別塩でもんで青汁を捨て、桶の底と上にして一緒に漬ける。

❸10～15日前（こうじ発酵させる）

　こうじは塊をもみほぐし、熱い炊きたてのごはんとよく混ぜ合わせ、熱湯をかき回して粗熱をとり、保温できるジャーなどに入れて、8～10時間置き、甘酒を作る。翌朝、ボールなどに移し冷ましておく。

❹9～14日前（本漬け）

(a)カブはざるにあけて、よく水を切っておく。

(b)ニンジンは花型のうす切りと千切りにし、赤トウガラシは小口切り、ユズの皮は千切りにする。

(c)ブリはさっと水洗いし、カブの数に合わせてそぎ切りにする。1枚ずつ酢にさっとくぐらせ(a)のカブの間にはさむ。

(d)③で作った甘酒を桶の底全体に薄く敷き、カブを並べて1切れの上に約大さじ2の甘酒、ニンジン、ユズ、トウガラシをのせる。これを何段にも重ねる。

(e)カブの葉の塩漬けを固く絞って、三つ編みするように編んだ縄状の葉を桶の周囲にぐるりとのせ、この上に落しふたがひっかかるようにふたをして重石をして10日前後から2週間ほど漬ける。（重石は初めから重いと、カブになじむ前においしい汁が上ってしまうので、初めは軽く徐々に重くする）

●発酵食品は気温に左右されるので、その年の気温により漬け込み時間などを加減し、必ず冷暗所に置く。

●気温によって多少漬け上りがずれるが、上った汁に薄い膜状のものが張れば食べごろの目安となる。

●塩サバやお正月出まわる新巻鮭など利用してもよい。

●保温のできるジャーなど、保温に適した容器が無い場合、漬けもの用の厚手のビニール袋を2重にして使ってもよい。

●カブは洗いにくいので軍手をはめ、両手で転がすように流水で洗う。

125

叩きゴボウのむらさき漬け

ゴボウの食感が楽しい一品。

【作り方】
1. 酢を少し落とした水を用意する。ゴボウの皮をこそいで洗い、4cmほどに切りそろえて酢水にさらす。
2. 熱湯に酢を少し落とし、ゴボウを歯ごたえのある程度にゆでて水気を切る。
3. まな板の上にゴボウを寄せ集め、ふきんをかぶせ包むようにしておさえ、すりこぎでたたいて少しつぶし、繊維をほぐす。
4. 赤トウガラシは軸を切り落として種を出す。
5. しょうゆ、酒、砂糖、水に赤トウガラシも入れ（A）、さっと一煮立ちさせて冷ます。
6. ボールなどにゴボウを入れ⑤を注ぎ込み押しぶたと重石をする。時々、汁をまぶす。
7. 2、3日後から食べられるので、香ばしくいった白ゴマを振りかけて盛りつける。

●盛り付け時の飾りにトウガラシを天盛りのようにすると見た目も鮮やかです。

漬け時間 **2、3 日**

【材料】
ゴボウ…300g
酢…適量

A
しょうゆ…大さじ5
酒…大さじ1½
砂糖…大さじ3
水…½カップ
赤トウガラシ…1本

白ゴマ…大さじ1

小松菜の塩漬け

漬けもの初心者にお勧めの一品。

【作り方】
1. 小松菜の根を切り落とし、塩少々（分量外）を入れた熱湯の中へさっと通して冷水にさらす。
2. 水気をよく絞って塩を振りながら、卓上漬けもの器などに茎と葉を交互に入れ、重石をかけて半日〜1晩置く。
3. 水気を絞って、2、3cmの長さに切り、塩昆布などとあえる。

冬

- 小松菜はゆでずに2、3cmに切って漬けてもよい。
- 3cmほどに切って、糸切り塩昆布とあえてもおいしい。

 漬け時間 **半日〜1晩**

【材料】
小松菜…2把(600g)　塩昆布…適量
塩…大さじ1
（材料の重さの3%）

小松菜のザーサイ漬け

お酒との相性抜群の漬けものです。

【作り方】
1. 小松菜は根の部分を切り、熱湯にさっと通して冷水にさらし、よく絞る。約3cmのざく切りにする。
2. ザーサイはよく洗って、細く千切りにする。
3. ①と②を混ぜ合わせ、酢とうまみ調味料を振り、卓上漬けもの器で1日漬ける。
4. 盛りつける時、あればユズの皮などをあしらう。

 ワンポイント
- ザーサイの塩加減次第で味が違うので、塩気が足りない時は塩少々をふって漬ける。

 漬け時間　**1**　日

【材料】
小松菜…400g　　うまみ調味料…少々
ザーサイ…100g　ユズ、レモンの皮
酢…大さじ2　　　　　　　…少々

シュンギクの一夜漬け

美しい緑色と心地よい歯ざわり、トウガラシを効かせておいしくいただきましょう。

【作り方】
1. シュンギクは2つの束に分け、根元の固いところは切ってわらなどで結わえ、きれいに洗って水気を切る。
2. 赤トウガラシ1本は小さく輪切りにする。
3. シュンギクは先と柄の方を交互に並べ、トウガラシを適量挟んで、押しぶたと重石をして塩漬けにする。
4. 1晩置いて水気を絞り、適当に切って盛りつける。

ワンポイント ONE POINT
- 小松菜や京菜などでも同じようにできる。
- 重石はやや強めの方が早く漬かる。

漬け時間 **1晩**

【材料】
シュンギク…500g ｜ 赤トウガラシ…1本
塩…小さじ1強

セリのみそ漬け

しゃきしゃきとした食感にみその風味を効かせた漬けものをどうぞ。

【作り方】
① セリを洗ってざるなどに広げ、ふきんなどでおさえて水気を取り、さらに2時間ほど置く。
② 漬け容器から出しやすいように小分けにして、根の方をそろえ、わらなどで束ねる。
③ みそにみりんを少し加える。
④ 流し箱など平たい器に、みそを厚さ2cmに敷き、セリを厚さ1cmほどにして並べ、上をみそで覆って平らにしておさえる。
⑤ ラップなどで覆いふたをする。
⑥ 1日ほどで歯ざわりのよいみそ漬けになる。

ワンポイント ONE POINT
● セリの量を多めにする時は、みそとセリを交互に重ねる。
● セリにみそがつかないようにするには、敷いたみその上にガーゼを敷き、セリを並べ、またガーゼで覆った上にみそをのせて平らにおさえる。

 漬け時間 **1** 日

【材料】
セリ…400g
みそ…適量
みりん…適量

セリの香り漬け

根ミツバやミツバゼリでも試してみて。

【作り方】

1. 根ごと摘んだセリは、根の方をしばらく水につけ、泥などを取ってからきれいに洗う。
2. 根の方をそろえて2等分し、わらなどで束ねて根を切り落とす。
3. 塩を少し入れた熱湯でゆがき、すぐ水にさらす。冷めたらざるに先を広げて水気を切る。
4. 次にだし汁を作る（水1/2カップに市販のだしの素を入れる）。
5. だし汁にしょうゆ、みりん、砂糖、塩を加えて一煮立ちさせて冷ます。
6. 白ゴマは香ばしくいって半ずりにする。
7. お皿か小型の流し箱に、セリを互い違いになるように並べる。
8. これに⑤をまんべんなくかける。その上に白ゴマを全体に振りかけ、そのまま冷蔵する。
9. 食べごろは漬けて半日から翌日1日ほど。

 ●田ゼリ（野ゼリなどともいう）をたくさん採ってきたときは、根をきんぴらにするとおいしく食べられる。

 漬け時間 **半日 ～ 1日**

【材料】

セリ…300g	みりん…大さじ1
だし汁…1/2カップ	砂糖…小さじ1
しょうゆ…大さじ2	塩…小さじ1
	白ゴマ…大さじ2

浅漬け大根

冬の野菜といえば大根。浅漬けにしてさっぱりといただきましょう。

【作り方】

❶ 大根は太すぎるものは、中にすが入っていることがあるので、1本600〜700g前後の中型を選ぶ。洗って2、3日干すと甘味が増し、塩やぬかの味がしみやすくなる。

❷ 干し上った大根は葉つきのところから切り落し、葉の方も朽ち葉などを取り除いておく。

❸ 米ぬかは3等分して、塩は150g、200g、350gと分け、それぞれぬかと合わせ、150gを底塩、200gを中塩、350gを上塩と分けておく。

❹ 用意した樽の底に底塩をひとつかみ振り、大根をきっちりすき間がないように並べ入れ、すき間は葉っぱを詰めて、塩ぬかを振る。2段目の大根は1段目と十文字になるように並べ、くり返し漬けこむ。

❺ 上にいくほど、塩ぬかを多くすることがコツ。1番上に大根の葉を全体にのせ、押しふたをして、重石は大根と同じ重さか約1.5倍のものをする。

❻ 3日目には水が上るが、上らない時は重石が軽いか、どこかにひっかかっている場合があるので調べてみる。

❼ 漬けた年の気温などによるが、漬けてから10日目から2週間ほどで食べられる。

 漬け時間 **10〜14** 日

【材料】（1斗樽で漬ける場合）
大根…20本前後（約15kg）
塩…700g（大根の重さの約5%）
米ぬか…1kg

 ●大根を縦半分に切って漬けた場合は1週間目から食べられる。

たくあん漬け

自家製たくあんを作って「ぱりぱり」と独特の歯ごたえを楽しみましょう。

【作り方】
1. 米ぬかと砂糖、ナスの葉と柿の皮をよく混ぜ合わせ、3等分する。
2. 塩もおよそ300g、200g、100gと3つに分ける。(塩を600g使う場合)
3. ①のそれぞれに②の塩を加え、よく混ぜ合わせる。
4. 大根も大小で乾き具合が違うようだったら、大、中、小と見当をつけてさっと分ける。
5. たくあん漬けは、下の方ほど塩が強い方がよいので、底は塩の1番強いぬかを振る。よく乾いた大根をできるだけすき間のないようにぎっしり詰め、塩の強いぬかを振り、また大根、ぬかと交互に上まで漬ける。上に行くほどぬかは塩甘となる。もし大根の干し具合に差があれば、上の方が下の方より乾いていない大根にする。

   大根は一段ごとに頭と尾を交互にして平行に重ねる。できるだけ平らに、またすき間のないように、ぬかが大根と容器との間にもしっかりはいるように注意する。
6. 1番上にぬかを振ったら、一緒に乾かしておいたダイコン葉でふたをするように覆い、押しぶたをして重石を乗せる。

ワンポイント ONE POINT
- 重石はダイコンの目方の2倍が必要。
- 重石が軽いと失敗することがある。
- 初冬に漬けたらそのまま2月に入るまで置いてから食べ始める。

漬け時間 **2、3ヵ月**

【材料】
乾かした干し大根…10kg
粗塩…500〜600g（大根の5〜6％）
米ぬか…1〜1.2kg
赤ざらめ…200〜300g
もんだ陰干しナスの葉、干した柿の皮…2カップ

たくあん、キュウリ、シソの実漬け

たくあんに他の材料を加えて、見た目にも良い一品に。シソの実が味を引き立てます。

【作り方】
① 塩抜きしたたくあんは、拍子木切りにする。
② キュウリも拍子木切りにする。
③ 塩漬けのシソの実は塩気が強いときは水にしばらく漬けて塩を抜く。
④ 次に①②③と削りかつおを混ぜ合わせ、皿などを重石にしてたくあんやシソの実の塩味が、キュウリになじむように30分ほど置いてから食べる。

ワンポイント ONE POINT
- 塩気の強いたくあんは適当に水につけて塩抜きする。
- シソの実の塩漬けは68ページ参照。

漬け時間 **30 分**

【材料】
たくあん漬け…適量
キュウリ…適量
シソの実の塩漬け…適量
削りかつお…適宜

干し大根のむらさき漬け

多めの調味料を用意して漬け込みましょう。

【作り方】
① 大根の皮をむいて厚さ1cmのイチョウ形に切り、2、3日干し、手早く水洗いして水気を切っておく。
② 水を煮立てだしの素を入れ、だしを作る。
③ ②にしょうゆとみりんを入れ、もう1度さっと煮立てて冷ます。
④ 広口びんに①を入れ、③を注ぎ込む。
⑤ 3、4日ごろが食べごろで、余り長く漬けておくと塩辛くなる。

ワンポイント ONE POINT
- 干した大根は漬けると膨張するので、調味液はたっぷりと用意する。
- 余り長く漬けすぎると塩辛くなるので、早めに食べること。

漬け時間 **3、4 日**

【材料】
大根…500g
しょうゆ…1/2 カップ
水…1/2 カップ強
市販のだしの素…小さじ1/2
みりん…大さじ3

大根の霜降り漬け

刻んだ青ジソの葉、シソの実、ユズの皮の千切りなど少量ずつ混ぜて漬ければいっそう風味がよくなります。

 漬け時間 **半 日**

【材料】
青首大根…約500g（約半本分）
大根の葉（芯の柔らかいところ）
　…200g（約半本分）
塩…大さじ1½強
赤トウガラシ…1本
ショウガ…1かけ

【作り方】
❶大根は薄いイチョウ形に切り、塩大さじ1を振りかけて軽く混ぜ重石をする。
❷茎と葉は長さ2cmに切り、ボールに入れて、塩小さじ1を振り軽く混ぜ、熱湯をかけ、すぐざるに取って水に入れて冷ました後、水気を切り絞る。①の大根もざるに上げ熱湯を回しがけにし、よく冷し固く絞る。
❸赤トウガラシは種を抜いて薄く輪切りし、ショウガは皮をむいて千切りにする。
❹②の大根と大根の葉、ショウガ、トウガラシを混ぜ、塩小さじ1強を振りかけてまぜ、重石をする。
❺半日から、冬なら1晩で漬かり、食べごろになる。
❻水気を絞って盛り付け、しょうゆを少し振りかけて食べる。

 ●大根は好みで短冊状に切ってもよい。

大根のレモン漬け

さわやかなレモンの香りと酸味を楽しんで

 漬け時間 **1 時間**

【材料】
大根…500g
塩…小さじ2½
レモン…小1個
レモン汁と酢合わせて
　…大さじ6
砂糖…大さじ4
塩…小さじ½弱
赤トウガラシ…½本

【作り方】
❶大根は皮をむき2つ割りにして薄い半月形にし、塩を振りかけてよく混ぜ合わせておく。
❷レモンは2つに輪切りにして半分は汁を絞り、酢を補って大さじ6とする。
❸②に砂糖と塩を加え、よく混ぜ合わせる。
❹種を抜いた赤トウガラシはみじん切りにする。
❺①の大根を固く絞り、レモン酢に混ぜる。
❻残っていたレモンを縦2つに切り、半分だけ薄い半月形に切って⑤に入れる。
❼みじん切りのトウガラシも振り込んで、全体をもう1度軽く混ぜ合わせふたをする。
❽1時間ほどたって味がなじんだら食べられる。

 ●サラダ代わりや肉料理の付け合わせに適している。

大根とニンジンのシソの実漬け

ユズの代わりにレモン汁を使っても風味はいいですよ。

【作り方】

❶ 大根は薄いイチョウ切りにし、塩大さじ1を振り軽くまぜる。
❷ ニンジンは半月形に薄く切り、さっとゆがいて冷ます。
❸ 水気を絞った大根と、ニンジン、シソの実、ユズの絞り汁、塩大さじ1を混ぜ合わせ、重石をして1晩置く。

- ユズとレモンの皮をそれぞれ少量入れても風味よく漬かる。
- 普通の食酢を入れてもよい。

 漬け時間 **1** 晩

【材料】

大根…500g	ユズの絞り汁
ニンジン…100g	…大さじ2
シソの実の塩漬け	塩…大さじ2
…大さじ3	

大根ずし

大根ずしはかぶらずしとともに冬の石川を代表する味わいの一つです。パリッとした食感を楽しみましょう。

【作り方】

❶大根の塩漬け（Ａ）
(a) 5cmほどの長さに切り、それを3、4つに縦割りに切る。（薄くするとせんべいのように薄くなり歯ごたえがなくなる）
(b) 桶底に塩ひと振りして大根を並べて塩をふり、くり返して重石をのせる。カブより堅いので4、5日間漬ける。

❷こうじの発酵（本漬けの前日）（Ｂ）
こうじはもみほぐして、熱いごはんと混ぜ、熱湯を入れて（早く漬けたい時や気温が低い時は湯の量で加減する）混ぜ合わせ、1晩保温して甘酒を作り、翌朝、本漬けの前によく冷ます。

❸にしんをもどす（Ｃ）
身欠きにしんもよく干したものは本漬けの前日に米のとぎ汁で、生干しのものは1、2時間もどし、うろこ、頭をとり長さ3、4cmに切り、塩少々をふって下味をつける。

❹本漬け
(a) ニンジンは千切り、赤トウガラシは小口切り、昆布も細くして切り昆布とする。
(b) 大根はざるにあげ、よく水気を切っておく。
(c) 桶にこうじ、大根、にしん、昆布、ニンジン、トウガラシを散らし入れ、こうじをのせて順ぐりに重ねて漬けこむ。
(d) 重石は、初めは軽く、徐々に重くする。

 漬け時間 **10日〜2週間**

【材料】

A	大根…10本（約12.5kg） 塩…500g （大根の重さの4％）	C	身欠きにしん…20本 塩…約大さじ1 ニンジン…1本 赤トウガラシ…4本 昆布…1枚
B	こうじ…1枚 米…3〜4カップ 熱湯…1〜2カップ		

- かぶらずしと違い庶民的な味。作り方もかぶらずしほど手間がかからず、初心者の方は大根ずしから挑戦した方がよい。
- 発酵食品は気温に左右されるので、冷暗所におき、酸味の出過ぎを防ぐようにする。

大根のさくら漬け

1日で美しく染まり、焼き魚など料理の付け合わせにどうぞ。

【作り方】
1. 洗った大根を3cmほどの輪切りにして桜の花形に抜いてから薄く輪切りにする。花形に抜いたものを300g用意し、塩小さじ1ほど振りかけて混ぜておく（花形に抜いた残りはほかの料理やみそ汁の具とする）。
2. ①がしんなりとしたら水気をよく切り、梅酢、砂糖、酢、ほどよい塩味となるまで塩を抜いたシソの実を混ぜ、軽い押しぶたと重石をして漬け込む。

ワンポイント
- 赤ジソの葉を使うときは、シソの葉に塩を振りかけてよくもみ、絞って黒い汁を捨て、刻んで分量の酢の一部を振ってまたよくもみ、紅色になったらそのまま葉汁とともに大根に漬け込む。
- シソの実の塩漬けは68ページ参照。

 漬け時間 **1～2日**

【材料】
- 大根…約500g（形抜きすると300gほどになる）
- 塩…小さじ1
- シソの実の塩漬け…大さじ2
- 赤ウメ酢…大さじ1
- 酢…大さじ2
- 砂糖…大さじ1½

野菜の友禅漬け

彩り鮮やかな一品です。
サラダ感覚で食べましょう。

【作り方】
① 大根は皮をむき、ニンジンとショウガは皮をそぎ取り、それぞれ長さ4cmの千切りにする。大根はフライパンでさっと空いりし、冷ます。
② キュウリは斜め薄切りにしてから千切りし、玉ネギは縦に千切りにしてほぐす。レモンまたはオレンジなどの皮少量を千切りする。昆布は細く切る。
③ 全部合わせ、分量の塩とみりんを振りかけ、よくもみ重石をして3時間ほどたったら食べる。

 ●冷蔵庫に使い残した野菜が少しずつある時にお勧め。

 漬け時間 **3** 時間

【材料】
大根…400g
玉ネギ…50g
キュウリ…1本
ニンジン…30g
ショウガ…10g
だし昆布…10cm×5cm
レモンの皮…少量
塩…小さじ3½
みりん…大さじ1

大根の昆布酢漬け

さっぱりとした味わいと大根の食感を楽しんで。

【作り方】
① 大根は縦半分に割り、1週間塩漬けにする。
② 水が押しぶたの上に上がってきたら、重石を半分にする。
③ 酢3カップ、水1 1/2カップの割合で、砂糖を少々加えた調味液を用意する。
④ 昆布は大根を漬ける容器に敷き、水気をふいた大根を並べ、刻み昆布と赤トウガラシ、③の調味液を入れ、落しぶたをして重石をし、冷暗所におく。4、5日ぐらいから食べられる。

- 酢を使うので、容器は陶器かホーローを使う。
- 赤梅酢と赤ワインを適量入れてもよい。

 漬け時間 **4、5日～1週間**

【材料】
大根…4、5本
塩…300g
酢…3カップ
水…1 1/2カップ
砂糖…適量
昆布…長さ20cm 1枚
刻み昆布…適量
赤トウガラシ…適量

大根干しのしょうゆ漬け

干しぶどうの酸味がほどよく出て、おいしく仕上がります。

漬け時間 **2** 週間

【材料】

大根(生)…2kg	漬け汁
ニンジン…1本	しょうゆ…1½カップ
ゴボウ…400g	砂糖…1カップ
昆布…10cm×10cm	酒…½カップ
干しぶどう…50g	削りぶし…½カップ
ショウガ…100g	※全部いっしょに鍋に入れ煮立てて冷ましておく。

【作り方】

❶大根は皮をむき、細切りにし、それを天日でからからになるまで干す。
❷乾いた大根は、水でさっと洗い、良く水を切っておく。昆布は酢を含ませたふきんでふき、細切りとする。
❸ニンジン、ゴボウは細切りにして干さないで生のまま使用する。
❹ショウガも干さないで細切りしたものを使う。干しぶどうは、さっと水洗いしておく。
❺材料全部を漬け込む桶に入れ、煮立てて冷ましておいた漬け汁を入れて、漬け込む。軽い重石をし、2週間くらいで食べられる。

●秋の漬けもの用の大根を使うと、おいしく仕上がる。
●切り干し大根を使う場合は水でよく戻す。

大根のきざみ漬け

ユズや昆布茶と合わせてどうぞ。

漬け時間 **2、3** 日

【材料】

大根…⅓本	一味トウガラシ…適量
大根の葉…適量	昆布茶…適量
塩…大根の量の3%	
ユズの皮…適量	

【作り方】

❶大根は厚さ3cmの輪切りにした後、マッチ棒くらいの大きさに切る
❷大根の葉は沸騰した湯にくぐらせ、水に取り、固く絞って1cmに刻む
❸①②をボールに入れ、塩を大根の量の約3％ふりかけて、手でゆっくりともむ。しんなりしたら、当日食べる分を取り出して軽くしぼり、ユズの皮の千切りや昆布茶などをしょうゆ代わりに使うとまた、別の味を楽しむことができる。

●残った分は出てきた水ごとビニール袋に入れ、空気を抜き、袋の口を結んで冷蔵庫で保存すると、2、3日はおいしく食べられる。

長イモのみそ漬け

長イモの歯ざわりがたまらない一品です。

【作り方】
1. 長イモの長さを3等分に切り、皮をむいて20～30分くらい酢水につけ水気をふき取る。
2. ショウガを皮ごとすりおろしてみそに混ぜ、みりんも加えてよく混ぜる。
3. 長イモの表面に塩を少量すりつける。
4. 容器に②のみそを半量敷き、その上にガーゼを敷いて、③の長イモを並べる。その上にまたガーゼを敷き、残りのみそをかぶせる。
5. 漬け込んで1週間までがおいしい。

漬け時間 **2日～1週間**

【材料】
長イモ…400g　　塩…少量
ショウガ…30g　　酢…適量
みそ…800g
みりん…大さじ2

- 普通に漬けものを切るように、大きければ半月にしてから切る。長く漬けると塩気が強くなる。
- ガーゼは洗った後、調理用に使える。

長イモの粕漬け

長イモは粕漬けにしても味わい深いです。

【作り方】
1. 長イモに塩をすりつけて準備するところまでは「長イモのみそ漬け」と同じ。
2. ねり粕、塩、砂糖をこね合わせ、ガーゼの間に挟んで粕床でくるむようにして漬ける。
3. 漬けた翌日から3日までがおいしく、粕漬けもみそづけも3回ほどは繰り返して使える。

- 奈良漬けなどの抜き粕の味を、適宜直して漬け込むと経済的。

漬け時間 **1～3日**

【材料】
長イモ…400g　　塩…適量
ねり粕…600g　　酢…適量
塩…20g
砂糖…50g

白菜のぬか漬け

漬けものの定番。しっかり漬けて、ご飯のおともに。

【作り方】

1. 白菜は根の堅いところに切り目を入れ、2つ割りとし、よく洗ってから約1日、切り口を上にして陰干しにする。
2. 用意した桶底に塩、ぬかを上部ほど多くなるよう加減して敷き、切り口を上にして白菜を並べ、すき間があいたところには外葉のきれいに洗ったものを挟み、塩ひとつかみに対し、ぬかふたつかみ（塩とぬかは重さは同じでも量は倍）ずつまんべんなく散らし、赤トウガラシを2、3本ずつ散らして、上に行くほど塩とぬかの量をふやし漬ける。
3. 押しふたをして、重石は白菜の量と同じ程度かやや軽めにする。

 ●塩漬けよりぬか漬けの方が日持ちする。

 漬け時間 **2、3** カ月

【材料】

白菜…5kg（約3株）
粗塩…150〜200g
　（白菜の3〜4％）
米ぬか…450g
（塩と重さは
　同じだが量は倍）
赤トウガラシ…適量

冬

白菜の一夜漬け（タッパー漬け）

必要な分だけさっと作って、食卓に並べましょう。

【作り方】

1. 白菜は洗って、よく水気を切る。株の方に5、6cmの切り込みを入れ、葉先の方に向かって縦に割く。
2. 分量の塩を茎の堅い部分の間にすりこむようにして、株と葉先を交互に容器に入れる。残りの塩を全体に振るようにして入れ、赤トウガラシを加え、重石をする。
3. 食べる前に汁気を絞り、3、4cmの長さに切る。

- ニンジン、ショウガ、レモンの皮の千切りを入れると、風味が良くなる。
- 白菜の塩漬けは日持ちしにくい。タッパーで漬け、容器ごと冷蔵庫に入れると長持ちする。

 漬け時間 **1** 晩

【材料】

白菜…1/2 株（400g）　赤トウガラシ…1本
塩 ┃ 白菜の量の3%
　 ┃ 大さじ2

冬

144

白菜のこうじ漬け

塩漬けにした白菜で、簡単に作りましょう。

【作り方】

❶ 洗わないで食卓に出すため、まず外側の緑色の葉や、傷んでいる葉は切り取る。株の大きさにより株に包丁目を入れ、2つか4つに割いてきれいに洗い、切り口を下にして水気を切る。

❷ 白菜の分量の5％ほどの塩で塩漬けにする。3日ほどでざるに上げ水気を切る。

❸ さらに約1日、日に当てて水気を取る。この時、1回上下に返す。

❹ 米こうじはほぐし、赤トウガラシは種を除いて薄い輪切りにする。

❺ レモンの皮を千切りにする。

❻ 切り昆布はふいて短く切る。

❼ 容器の底にこうじと塩を少量振り、白菜は切り口を上にぎっしり並べ、こうじと塩、赤トウガラシ、レモンの皮、昆布を振っては白菜を重ねる。1番上にまた調味料を振り、押しぶたと重石をする。

❽ 重石は白菜の目方より少し重い、約1.2倍にする。

❾ 1週間ほどで食べられるので、洗わずに適当に切って盛りつける。

- 白菜は、塩漬けにして保存していたものを利用すると、簡単にできる。
- こうじ漬けを食べきったらもう1度、適当に調味料などを補い、塩漬け白菜を漬けることができる。
- 白菜の代わりに小カブでも応用できる。

 漬け時間 **1** 週間

【材料】

白菜…2kg	赤トウガラシ…2本
塩…100g	レモンの皮…少量
米こうじ…200g	切り昆布…少量
塩…50g	

塩漬け白菜の朝鮮漬け

身近な食材で本格的キムチに挑戦。

【作り方】

① ネギは小口から薄く切る。ショウガは皮をむいて千切り、ニンニクはみじん切り、七味トウガラシ、ミカンの皮は千切り、だし昆布はふきんでふいて千切り、豚ひき肉は空いりして冷ましておき、これらの材料を混ぜ合わせる。

② 塩漬け白菜の汁気を切り、葉の間に①を適量挟んでぎっしり並べ、押しぶたと軽い重石をのせ、白菜の漬け汁を2カップほど注ぎかける。

③ 5、6日目から食べ始める。酸味が出たのもおいしいので2週間は食べられる。

漬け時間 **5 〜 14** 日

【材料】

- 塩漬け白菜…5kg
- ネギ…2本
- ショウガ…20g
- ニンニク…2かけ
- 七味トウガラシ…大さじ1
- ミカンの皮…中1/2個分
- だし昆布…15cm角1枚
- 豚のひき肉…50g

 ワンポイント ONE POINT

● 野菜は白菜のほかに大根、ニンジン、キュウリ、セリなどを千切りや薄い輪切りにして、目方の3％の塩を振って軽くもみ、水気を絞って混ぜて漬けても色どりが美しくなる。
● 香辛料も種類や量を好みに合わせて加減する。
● カツオの塩辛、干しエビ、シラス干し、干し貝柱を水に戻してほぐしたもの、ボイルした貝柱なども利用できる。
● 下漬けの白菜は、塩を白菜の分量の4％ほど使ってあれば、本漬けの時は補わなくてもよいが、一応味を確かめて塩分を補う。塩分が濃いときは漬け汁を水で割り一煮立ちさせ、冷めたものを注ぐ。

白菜の朝鮮風即席漬け

簡単にできるピリ辛の漬けもの。

【作り方】
1. 白菜の軸は長さ4cmの短冊切り、葉先も約4cmのざく切りとする。
2. セリも根を切り、4cmの長さに切る。
3. ①と②を合わせ、塩を材料の2、3％振り、塩漬けにする。
4. するめは水に戻し、千切りにする。
5. フライパンにごま油を煮立て、トウガラシとショウガを入れ、弱火で色が付いたら、あらかじめ用意したAの調味料を入れて火を止める。
6. 塩漬けした白菜、セリの水気を絞り、ホーローなどのボールに入れ、⑥の調味液を熱いうちにかけ、軽く重石をする。
7. 半日から1晩寝かせると、食べごろとなる。

 漬け時間 **半日～ 1 晩**

【材料】
白菜…¼株（400～500ｇ）
セリ…2把
塩…材料の2、3％
するめ…1枚
A ┃ 酢…¼カップ
　 ┃ 砂糖…大さじ1½
　 ┃ しょうゆ…¼カップ
ラー油
　 ┃ ごま油…大さじ3
　 ┃ 赤トウガラシ…1本
　 ┃ ショウガ（薄切り）…4、5枚

● 酸味の多少出たものも、塩味が丸くなっておいしいが、好まない場合は味がなじんだところで冷蔵庫に入れる。

白菜とベーコンの辛味漬け

塩はベーコンを使うので控えめに。香辛料にカレー粉を少量振り込むと、香りも色も良くなりますよ。

【作り方】
① 白菜の軸を横に3つほどに切ってから、幅1cmに包丁を入れ短冊切りにする。
② 塩小さじ2を振りかけてまぶし、約20分置く。しんなりとしたら砂糖を振りかけて軽くもむ。
③ ベーコンは幅約1cmに切り、やや弱火で香ばしくなるまでいため、冷ましておく。
④ ニンニクと、皮をそぎ取ったショウガはみじん切りにする。
⑤ 容器に白菜の水気を切って入れる。
⑥ ベーコンは溶けだした油も入れ、ニンニク、ショウガ、トウガラシ粉も入れ、さらに酢、塩も振り、全体をよく混ぜ合わせてから押しぶたと重石をして1晩置く。

ワンポイント
● 食べ頃は漬けた翌日から3日目ぐらいまで。
● 白菜の軸を使うと歯ざわりがよく、またすっきりできあがる。葉はスープの具やいためものなどに利用する。

 漬け時間 **半日**

【材料】
白菜の軸の部分 …400g
塩…小さじ2
砂糖…小さじ2
ベーコン…30g
ニンニク…1かけ
ショウガ…1かけ
粉トウガラシ…少量
酢…大さじ3
塩…小さじ1/2

冬

コラム③ 漬け容器いろいろ

かめやつぼなど陶磁器
厚みがあり、外気温の影響が少ないので漬けものの作りに適します。ただ、空気を通さないので時々、かき混ぜる必要があります。陶磁器は清潔に保ちやすい点も長所です。

ホーローの容器
大きさも様々、口から底までの幅が同じなので、押しぶたが使いやすく便利です。ホーローがはげたり、さびるので傷をつけると取

148

白菜とリンゴの塩漬け

白菜とリンゴの食感が特徴。サラダ感覚でパン食などにどうぞ。

【作り方】
① 白菜は葉を1枚ずつはがして洗い、水気を切る。縦に切り、幅3cmにざく切りにする。
② 塩大さじ1½と混ぜ、軽い重石をして半日置き水気を切る。
③ リンゴはよく洗い皮ごと縦半分に2つ割り、芯を取って薄く切る。薄い食塩水に浸してから水気を切る。
④ 崩したクルミが手に入らない場合、クルミを粗みじん切りにする。
⑤ 白菜とリンゴとクルミ、粉トウガラシ少量を混ぜ合わせ、軽く重石をして半日ほどたってリンゴの味もなじんだころ食卓に出す。

● 白菜は軽く下漬けして水気を切ると、仕上がりが水っぽくならない。
● 2度漬けするとき、塩気が薄い場合は適当に塩を少量補う。

 漬け時間　半日

【材料】
白菜…½株
塩…大さじ1½
リンゴ（あれば紅玉種）…½個
塩…少量
崩したクルミ…大さじ2
粉トウガラシ…少量

扱いには気をつけましょう。

卓上漬けもの器
形や大きさ、使いやすさを工夫したものなどいろいろありますが、冷蔵庫に入る小型のものが便利です。重石の調節もできるので、少量の漬けものを漬けるときにお勧めです。

ガラスびん
透明なので内部の状態（液量、漬かり具合など）が見え、管理上便利です。ふたが金属製の場合はさびる場合もあるため、容器とふたの間にビニールを挟みましょう。

白菜とミョウガのもみ漬け

しゃきしゃきとした食感を楽しみましょう。

冬

【作り方】

❶ 白菜は縦に1、2本包丁を入れてからざく切りにし、塩小さじ2を振って軽くもむ。塩漬けミョウガはそのままか、大きいのは2つ割りにして縦に薄く切る。ショウガは皮をむいて千切りにする。

❷ 酢、砂糖、しょうゆを合わせて①にかけ、もう1度全体をよく混ぜ合わせ、皿を重ねて重石をして30分ほどたったら盛りつける。

●塩漬けミョウガを利用すれば冬でもさっぱり。

 漬け時間 **30** 分

【材料】

白菜…300ｇ	酢…大さじ4
塩…小さじ2	砂糖…大さじ3
塩漬けミョウガ…3個	薄口しょうゆ
ショウガ…1かけ	…小さじ1/2

ブロッコリーの香り漬け

レモンとブランデーの香りが食欲をそそります。

【作り方】

❶ブロッコリーは根元の方を少し切り落とし、茎が堅いときは適当に皮をむく。株を切り分け、塩を適量入れた熱湯でゆで、たっぷりの水に浸して手早く冷ましざるに広げる。

❷レモンは半月形に薄く切る。

❸①を食べやすい大きさに切り分け、漬ける容器に入れたら、塩小さじ2、ブランデー、レモン汁、サラダ油、こしょう、好みで砂糖も振り込んで全体をよく混ぜる。

❹ところどころにレモンの薄切りをはさみ、押しぶたと材料の目方の約2倍の重石をのせ、上ぶたをして1日漬ける。

❺盛りつけたらラディッシュ1個を花形にナイフを入れ、天盛りのようにして美しく飾る。

ワンポイント ONE POINT
●1日半ほど漬け込むと味がよくなじむが、少し色が悪くなる。
●レモンとブランデーのよい香りのするおいしい漬けものになる。
●ブロッコリーは歯ざわりがよいうえ、ビタミンCの量も多い。

漬け時間 **1**日

【材料】

ブロッコリー…300g	こしょう…少量
塩…小さじ2	砂糖…小さじ1
ブランデー…大さじ2	レモン…1/2個
レモン汁…大さじ2	ラディッシュ…1個
サラダ油…大さじ3	塩…適量

コラム④　材料の選び方と扱い方

　日常生活で食品の扱いは、衛生的で清潔でなければなりません。特に漬けものはほかの調理法のように加熱殺菌しないことが多いため、材料の取り扱いをはじめ、漬ける容器、容器から取り出す時、後始末など常に清潔にするよう心掛けましょう。

　材料は新鮮で傷んでいないものが一番です。漬けものの種類によっては、材料の収穫適期を選びます。例えば、かりかりとした歯ざわりのよい梅漬けなら、完熟直前の新鮮な青梅を選ぶなど、それぞれ漬け込みに適した時期があります。

梅干し用の青梅は新鮮なものを

　漬ける量は家族の人数などで違います。そして、昔と比べ、いつでも新鮮な野菜が手に入りやすい現代では、大量に漬ける必要もなくなりました。しかし、漬ける量が少ないと漬けもの特有の風味が出にくい場合もあります。何度か漬けて野菜の特徴をつかみ、おいしい漬けものを作りましょう。

かつては桶で大量に漬けたものだが、近年は家族の規模に応じてさまざまな容器が使われている

冬

152

【漬け方いろいろ】

年中、手に入りやすい食材を上手に使った漬けもの。

即席しば漬け

漬け方いろいろ

残り物の野菜で手早く簡単な漬けものを。

【作り方】
① ナスは縦に薄く切る。キュウリは小口切り。ミョウガも縦に薄く刻む。青ジソとショウガは千切り。
② 塩小さじ2を入れた濃い塩水に約30分漬ける。
③ ①②をざるに上げて固く絞り、二杯酢をかけ混ぜ合わせて器に盛る。

 ●食べる直前にざるに上げ、水気を絞る。早く上げるとナスのあくが出て黒くなる。

 漬け時間 **30** 分

【材料】
ナス(小)…4個	塩…小さじ2
キュウリ…2本	二杯酢
ミョウガ…3個	しょうゆ…小さじ2
青ジソ…5枚	酢…大さじ1½
ショウガ…1かけ	うま味調味料…少々

キャベツのぬか漬け

料理の付け合わせにもお勧め。セロリやソーセージとともに油でいためて。

【作り方】

① キャベツは外側の葉を取り除いてきれいに洗い2つ割りにする。
② 分量の水と塩を合わせ、かき混ぜながら煮溶かして冷まし、差し水にする。
③ 赤トウガラシの辛味を加減したいときは、2つか3つに切って種を除く。ショウガは皮をむいて薄く切る。
④ 容器の底が見えない程度にぬかを振り、キャベツは切り口を上にして敷き詰める。ぬかをキャベツや容器とのすき間にもしっかり振り、トウガラシとショウガを散らし、また上にキャベツを詰めて並べるか、トウガラシかショウガを振る。上の方はたっぷりぬかを振る。
⑤ 押しぶたとキャベツの重さの約1.2倍の重石をのせる。
⑥ ②の差し水は容器の縁を伝って、直接底に注ぐように入れる。
⑦ 約1カ月でキャベツの色が黄色くなれば食べられる。

 漬け時間 **1 カ月**

【材料】
キャベツ…5kg　　米ぬか…400g
塩…300〜400g　　赤トウガラシ…5本
水…1.2ℓ　　　　　ショウガ…30g

漬け方いろいろ

 ワンポイント ONE POINT
● 気温が高かったり、置き場所によって塩の量を加減する。
● ショウガも漬けものの盛り合わせに添えるとよい。

野菜の吹き寄せ漬け

冷蔵庫の中の余った野菜を上手に使いましょう。

 漬け時間 **2日**

【材料】
キャベツ…400g	ミョウガ…3個
大根…300g	ショウガ…1かけ
キュウリ…2本	粉トウガラシ…少量
ニンジン…100g	水…1.5ℓ
サヤインゲンかサヤエンドウ…50g	塩…90g
	焼酎…大さじ4

漬け方いろいろ

【作り方】
① サヤインゲンはつるを取り、塩を入れた熱湯でさっとゆでて冷まし斜めに切る。
② ショウガは皮をむいて千切り、ミョウガは小口から刻んでふきんに包み水に入れ、あく抜きして水気を切る。
③ キャベツとキュウリのほか、皮をむいた大根とニンジンを全て長さ4cmの短冊に切り、かめか漬けもの容器に入れる。
④ 分量の水に塩を入れて煮溶かした後、冷まし、焼酎を加える。
⑤ 次に①と②のミョウガ、ショウガに粉トウガラシを入れ、全体をかけ混ぜてふたをする。かめなどはふたの上を包装紙などで覆ってひもで結わえ、涼しい所に置く。
⑥ 2日目には食べられる。

●乳酸発酵で多少、酸味が出るくらいがおいしいが、気になれば塩を足して発酵が進むのを抑える。

キャベツとリンゴの一夜漬け

キャベツとリンゴの歯ごたえについつい箸が進みます。

 漬け時間 **1晩**

【材料】
キャベツ…1/4個(350g)	塩…小さじ2
リンゴ…1個（紅玉、無ければふじ）	白ゴマ…大さじ3

【作り方】
① キャベツは短冊切り。
② リンゴは洗って皮付きのまま薄いイチョウ切りにし、塩水に約20分漬ける。
③ ①②を合わせて塩を振り混ぜ、重石をして1晩置く。
④ 食べる時に白ゴマを振り、しょうゆを少々かける。

●塩気が薄い場合、好みのドレッシングをかけ、サラダ風にして食べても良い。

紫キャベツの甘酢漬け

赤紫色が食卓を華やかにします。

【作り方】
① 紫キャベツの葉を1枚ずつはがし、よく洗って水気を切る。幅5mmほどに切り、塩小さじ2を全体に振りかけて軽く混ぜ、約15分置く。
② これをざるに広げ全体に熱湯をかけ、そのまま冷ます。
③ 水と酢、砂糖、塩を混ぜひと煮立ちさせ冷まし、レモン汁1個分を入れる。
④ キャベツを広口ビンに入れて③を注ぎ込み、よく振って混ぜ、せんをする。
⑤ 全体が美しい赤紫色になって食べられるが、半日以上おいた方が味がなじむ。美しい色は2、3日保てるが、保存はかなりきく。しかし、色は次第に薄くなってゆく。

● サラダなど他の野菜と組み合わせたり、魚介類のつけ合わせにも適する。
● 1両日中に食べ切るなら、普通の容器にして、お皿などで軽く重石をかける。

 漬け時間 **半日～3日**

【材料】
紫キャベツ…400g
塩…小さじ2

酢…1カップ
水…1/3カップ
砂糖…大さじ6
塩…小さじ1
レモン汁…1個分

漬け方いろいろ

キャベツのはさみ漬け

薄切りのハムやくん製など挟む具材はお好みで。

【作り方】

1. キャベツの葉は堅いところだけそぎ落とし、1枚ごとに塩を少し振って重ね、重石をして流し箱に約30分おく。
2. キュウリとラディッシュは薄い輪切り、ニンジンとショウガは千切りにし、それぞれごく少量の塩を振って軽くまぜておく。ハムやくん製などを加えてもよい。
3. 流し箱などに後で取り出しやすいようにアルミ箔など1枚敷き、水気を切ったキャベツの葉を1枚広げ、酒を少し振る。
4. キャベツの上に3段位になるよう（キャベツの葉の大きさ、挟む材料などにより2段でもよい）挟む材料の見当をつけ、水気を切って、適当に取り混ぜ、キャベツの葉いっぱいに広げる。シソの実は適当に振り、青ジソの葉はそのままのせる。キャベツの葉を重ね、酒を少し振り、また挟む材料を平らに広げる。1番上をキャベツの葉で覆い、押しぶたと材料の2倍位の重石をのせて1日ほどおく。
5. くずさないように底に敷いたアルミ箔などとともにまな板に移し、食べやすい大きさの長方形か角形に切る。

 漬け時間 **1** 日

【材料】

キャベツの大きな葉…4枚ほど	シソの実塩づけ…大さじ1
キュウリ…1/2本	ショウガ…1かけ
ニンジン…長さ4cm分	塩…大さじ1
ラディッシュ…2個	酒…大さじ1
青ジソの葉…2〜3枚	

ワンポイント ONE POINT

- 一応下漬けしたので、重石が強ければ半日でよいが、重石を軽くするとくずれやすいので注意する（生の塩漬けで堅いものはさっと湯にくぐらせてもよい）。
- 挟むものを適当に組み合わせ、味つけも酢を振るか、材料によって洋風の香辛料を使ってもよい。
- 好みで辛子じょうゆを添える。
- 博多帯のようなので博多漬けとも言う。

漬け方いろいろ

キャベツの巻き漬け

見た目も鮮やか。
もてなしの一品としてどうぞ。

【作り方】
1. キャベツの根の部分に包丁で切り込みを入れ、芯の部分を取る。
2. キャベツが丸ごと入る鍋に湯を沸かし、芯を抜いた方を下にして、さっと茹でる。葉を破らないように1枚ずつはがし、盆かざるに取り、塩を少々振ってよく冷ます。
3. キュウリは縦4つ切りにし、種を取る。
4. ニンジンとショウガは千切りとする。
5. 巻きすの上に冷めたキャベツの葉を乗せる（軸の堅い部分は薄くそぐ）。青ジソ2枚も広げて乗せ、ニンジンとショウガ半量をぱらぱらと散らし、もう1枚のキャベツの葉を乗せ、とろろ昆布と残り半量のニンジン、ショウガ、縦4つ切りにしたキュウリ2本を芯に乗せ、巻きずしを巻く要領でしっかりと巻く。
6. バットに昆布1枚を敷き、巻きキャベツを3本乗せ、塩をぱらぱらと振り、赤トウガラシを乗せ、その上にもう1枚の昆布をかぶせ、砥石（といし）程度の重さのものを乗せ1晩置く。

● 食べる時は小口から7、8mmの厚さに切り、しょうゆをほんの少しかける。

漬け時間 **1** 晩

【材料】
キャベツの葉…6枚	とろろ昆布
塩…少々	…10g（適量）
青ジソの葉…6枚	昆布
ニンジン…30g	…長さ10cm(2枚)
キュウリ…1½本	赤トウガラシ…2本
ショウガ…1かけ	

ザワークラウトもどき

北欧の代表的な漬けものを北陸向けにアレンジしました。

【作り方】

1. キャベツは堅いところを除き、ニンジンとともに、千切りする。
2. リンゴは洗って皮つきのまま芯を除いたイチョウ切りにする。
3. 材料と調味料を全部混ぜ合わせ、月桂樹の葉を1枚入れ、軽く重石をして冷蔵庫に入れる。

ワンポイント ONE POINT

- 漬けて3日目ぐらいから食べ始める。そのまま肉料理のつけ合わせとしてもよく、これに他の野菜を合わせていため、同じくいためたソーセージなどとつけ合わせる。
- 紅玉リンゴのほうが酸味があっておいしく漬かる。リンゴのないときはレモン汁を少し絞り込む。
- 乳酸発酵してくると酸味が強くなり、本格的な味になりますが、食べごろは1カ月ぐらいまで。
- 乳酸菌入りミルクを入れると発酵が進む。
- 寒さの厳しいヨーロッパ北部などは、塩の量を6％ほどにし、香料を加え、強い重石をして密閉。これを冷暗所に半年近く置くと、乳酸発酵して酸味と独特の風味が出る。

 漬け時間 3日〜1カ月

【材料】

キャベツ…1kg	酢…大さじ4
紅玉リンゴ…小½個	乳酸菌入りミルク…½カップ
ニンジン…少量	月桂樹の葉…1枚
塩…30g	

もみじこのシソ巻き粕漬け

粕漬けにするとタラコの塩分も薄くなります。

【作り方】
❶ ねり粕に同分量の酒とみりんを加え、手でよく混ぜ、やや軟らかめの粕を用意する。
❷ 容器に用意した半分の粕を平らにならし入れ、上にガーゼを1枚のせる。
❸ もみじこを片腹ずつ青ジソの葉にくるりと巻き、②の粕床の上にきっちり並べる。
❹ ③の上にもう1枚のガーゼをかぶせ、上から残りの酒粕を平らにのせ、上からラップなどきっちりとかぶせ、ふたをしておく。
❺ 5日目ごろから食べられるが、味がよくなじむのは10日前後。

●気温の高い季節は冷蔵庫に入れておく。

 漬け時間 **5～10** 日

【材料】
もみじこ…300g	ねり粕…400g
青ジソの葉…約20枚	酒…¼カップ
	みりん…¼カップ
	ガーゼ…2枚

イワシのぬか漬け

ごはんのおかずや酒の肴(さかな)、鍋の具など食べ方いろいろ。昔は各家庭で漬けたものです。

漬け方いろいろ

【作り方】

（塩漬け）

❶ イワシは頭から続いて腹わたを取り出し水洗いする。
❷ 桶を用意し底に塩を敷きイワシと塩を交互に重ねしっかり塩漬けする。
❸ 約2日間で水が上り、さらに重石をして7～10日間置くと身がよくしまる（漬け汁はとっておく）。

（本漬け）

❹ 桶はよく洗って乾かしたものを用意し、底にぬか、❸の塩漬けイワシ、ぬか、こうじ、赤トウガラシの輪切りを井桁を組むように1段ごと魚の方向を変えて交互にきっちり漬けこむ。最後に桶の周囲にわらの束ねたものをくるりと巻くように入れ、上から落しぶたをして重石をかける。
❺ 2、3日したら、塩漬けした時、出た汁をまわりに入れたわらの上からさし、毎日様子を見ながら汁が上るまで、さし汁をして約10カ月間貯蔵する。

 ワンポイント ONE POINT

● ぬか漬けの食べ方

（1）ぬかを少し落しさっと焼いて食べると、熱い炊きたてのごはんに合う。
（2）生のまま薄く切って、レモン汁をかけたり酢をかけ、さらしネギ、ショウガの薬味で酒のつまみになる。
（3）冬、能登では、土鍋に大根や白菜など季節の野菜を入れる。野菜が少しやわらかく煮えたころ、こぬかイワシを丸ごと入れて煮こみ、イワシの骨を頭の方からすっと抜き取り身をほぐしながら野菜と一緒に食べる。こぬかイワシから出る塩加減でほどよい味となるが、薄い時は少ししょうゆを足す。

 漬け時間 **10** カ月

【材料】

さしあみイワシ(中) …180～190尾	こうじ…2枚 赤トウガラシ
塩…イワシの量の30%	…約10本
米ぬか…2～3kg	

162

創

【クッキング】

漬けものを活用して手軽な一品を。

花ワサビのおひたし

ピリリと辛いが、さわやかな春らしい一品です。

【作り方】

1. ワサビは茎の元の方を1～2cm切り落とし、全体を3cmくらいの長さに切る。ふた付きの容器に入れて塩を振り、軽くもむ。
2. ワサビを覆うくらい熱湯を注ぎ、砂糖ひとつまみを入れて混ぜ、ぴたりとふたをして1晩置く。
3. 汁気を切って盛り、しょうゆ少量を振りかけて食べる。

【材料】

ワサビの花のついている茎　…200g

塩…小さじ1/2強
砂糖…1つまみ
熱湯…適量

●砂糖を少量入れると辛味がでる。

クッキング

クッキング

豚肉の梅シソ巻き

夏場の肉料理にさっぱりとした梅やシソの味を加えましょう。

【作り方】

1. 豚肉は薄切りをまな板、もしくはバットの上に縦に広げる。
2. 梅干しは種を除き、包丁で軽く叩いてペースト状にする。
3. チーズは5、6mmの棒状に切る。
4. 1の豚肉の上に2の梅干しを薄く伸ばすように塗り、青ジソの葉を乗せる。
5. 4の上に棒状に切ったチーズを乗せ、巻いて小麦粉をまぶす。
6. 熱したフライパンに油をひき、中に火が通るように焼く。
7. 食べやすく斜め半分に切って器に盛る。

【材料】（4人分）

豚ロース薄切り肉…12枚
青ジソの葉…12枚
梅干し(大)…2、3個
プロセスチーズ
(切れているチーズ)…120g
小麦粉…適量
サラダ油…適量
レタス、トマト(付け合わせ用)…適量

●付け合わせにレタスとトマトなどの野菜をたっぷり添えましょう。

キュウリとキャベツ、干しブドウの洋酒漬け

洋酒の香りで味わい深く、1晩漬けてもおいしいです。

【作り方】

1. キュウリは5mmほどの輪切り、キャベツは2、3cm角に切る。
2. 1に塩を大さじ2振りかけて軽く混ぜ、半日ほど重石をのせて下漬けする。
3. 干しブドウはさっと洗い、そのままか、粗く刻んでブランデーとレモン汁をかけて混ぜ合わせ、野菜の下漬けができるまでおく。
4. 下漬けした野菜の水気を絞り、3とまぜ合わせて2、3時間、軽く重石をする。

【材料】(4人分)

キュウリ…5本
キャベツ…5枚
干しブドウ…1/2カップ
ブランデー…大さじ1
レモン汁…大さじ1
塩…大さじ2

●下漬けした野菜と干しブドウのみりん漬けを混ぜて1晩つけてもよい。ただレモン汁で多少野菜の色が悪くなったりする。

キュウリと大根のドライフルーツ漬け

パン食のおかずやお茶請けにもお勧め。

【作り方】

1. 大根は皮をむき厚さ5mmのイチョウ形に切り、塩を少し加えた熱湯でゆがき、ざるに上げて水をかけて冷ましておく。
2. キュウリは厚さ1cmの輪切りにする。
3. 大根とキュウリを混ぜて塩大さじ1½を振り混ぜ、重石をして2時間置く。
4. 干しブドウと干しアンズはお湯を少量振りかけ少しやわらげて、みりんの中に入れて混ぜ合わせておく。
5. 次は4に大根とキュウリの水気を切ったものを混ぜ合わせ、その漬け汁も少し加える。

【材料】(4人分)

キュウリ…7本
大根…300g
干しブドウ…100g
干しアンズ…15個
塩…大さじ1½
みりん…大さじ2
塩…少量

●大根を塩湯でゆがいたのは、大根の臭みを取って他の材料との調和をはかるため。

みそ漬けピーマンの塩昆布あえ

ピーマン1袋をすぐに使い切れない時、みそ漬けにしておくと便利です。

【作り方】
1. みそ漬けしたピーマンのみそをふくように取る。
2. みそを落としたピーマンを縦に2、3mmの幅に切る。
3. 塩昆布も同じくらいの幅に切って、ピーマンと交ぜ合わせる。

【みそ漬けピーマンの作り方】
1. ピーマンは種を抜いて、縦に割る。
2. みそ床はタッパーなどに入れる。酒を少量入れゆるめる。
3. みそ床にピーマンを入れ、1晩置く。

【材料】(4人分)

ピーマン(みそ漬けしたもの)…4個
塩昆布…5枚

●みそ漬けをふき取るのが面倒な場合は、ガーゼの間に挟んで漬けてもよい。

野沢菜とシラス干し炒飯

野沢菜をオリーブオイルでいためるのがこつです。

【作り方】

1. 野沢菜は1cmにざく切りとし、水気を絞る。
2. フライパンにシラス干しを入れ、カラカラとするまでからいりする。
3. 2の中へオリーブオイルを加え1の野沢菜をいため、次にご飯をほぐすように加える。塩は漬物からも出るので、足りない分を補う程度に塩を加え、こしょうで味を整え、白ゴマを最後に振る。

【材料】(4人分)

野沢菜…200g
シラス干し(乾燥したもの)…50g
白ゴマ…大さじ1½
冷やご飯…4、5杯分
オリーブオイル…大さじ2
塩…適量
こしょう…適量

●野沢菜の塩加減で入れる塩の量は調節する。

生シイタケと枝豆のむらさき漬け

シイタケの香りと赤トウガラシの辛味は相性抜群。

【作り方】

1. 生シイタケは軸を切り落とし、両面を焦がさない程度に焼く。大きなものは2つくらいに切る。
2. ゆでた枝豆は豆をはじきだしておく。
3. Aの調味料と水を合わせて一煮立ちさせて冷ます。
4. 容器にシイタケと枝豆、赤トウガラシ粉を入れ、3を注ぎかけ、浮かないよう皿などで重石をする。

【材料】

生シイタケ…120g
枝豆…少量
赤トウガラシ粉…少量
A ｛ しょうゆ…大さじ2
    みりん…大さじ3
水…大さじ3

- 漬けて3日前後が味がしみておいしくなる。温かいご飯や酒のつまみに適する。
- 漬け汁は他の料理のときに使ったり、シイタケを漬けてもよい。
- シイタケの軸は乾かしておいて、削りぶしや昆布とダシを取るときに使う。

カブの柿和え

みそ漬けにした柿は冬のカブと合わせてみましょう。

【作り方】
1. カブは皮をむいて4つ切りにし、薄くイチョウ切りにする。
2. みそ漬けした柿を4つ切りにし、1のカブと合わせ、酢を少々振ってしばらく置くと、しんなりしてくる。
3. 器に盛り、ミツバの茎のみじん切りを散らす。

【材料】

白カブ（中）…2個
みそ漬けした柿
　　（115ページ参照）…1個
酢…少々
ミツバの茎…少々

●ミツバの茎の代わりにユズの皮の千切りでもよい。

かくや

酸っぱくなった古漬けのたくあんがさっぱりとした味わいに。

【作り方】
1. たくあんはマッチ棒大の千切りとし、水に漬け、塩出しする。
2. 奈良漬けも1のたくあんほどの太さに切り、水に少し漬けて粕味を薄める。
3. キュウリは板ずりして千切り、ショウガは針ショウガとする。
4. 漬け汁を作り冷ます。1 2 3の水気を切って、漬け汁に材料を浸して味を含ませる。
5. 器に盛り、いった白ゴマを振る。

【材料】(4人分)

たくあん(10cm)…100g
キュウリ…1本
奈良漬け…100g
ショウガ…1かけ
いった白ゴマ…大さじ1
漬け汁
　二番だし…2/3カップ
　しょうゆ…大さじ2
　みりん…小さじ1
　塩…小さじ1/4

- かくやは江戸時代、覚弥（または覚也）という名前の料理人が、古漬けや漬かりすぎたぬかみそ漬を塩出しして食べやすく工夫した漬けものという由来がある。茶懐石の香の物として「かくや」、または「かく和え」などの名前でよく使われる。
- カタウリの奈良漬けを使うのが一般的。

たくあんのだし漬け

余ったたくあんは上手に再利用しましょう。

【作り方】

1. たくあんは薄切りにし、水に約30分〜1時間、塩出しする。塩気は少し残す。ショウガは千切りにする。
2. 小鍋にだしとしょうゆを合わせて火をかけ、一煮立ちさせて、火を止め、よく冷ます。
3. 1のたくあんをざるに上げ、水気をよく切って軽く絞り、2のだしにショウガの千切りと一緒に漬け5、6時間から1晩なじませる。
4. 汁気を切って器に盛り、根元を切りそろえて、カイワレ大根といった白ゴマを振る。

【材料】

たくあん…200ｇ
ショウガ…2かけ
だし…1カップ
しょうゆ…大さじ2/3
カイワレ大根…1/2カップ
いった白ゴマ…適量

●たくあんは塩を出し過ぎないようにほどほどに。

たくあんとチンゲンサイの辛味いため

たくあんを中華風にアレンジし、夕食の一品にしましょう。

【作り方】
1. たくあんは薄い輪切りにした後、千切りとする。
2. チンゲンサイは株と葉先に分け切り、株の方は縦2～4つ切りにする。
3. 中華鍋で油を熱し、たくあんとチンゲンサイの株の方を先に入れていため、しんなりとしたら豆板醤を加える。最後に葉先を入れていため、味が足りなければしょうゆを加える。

【材料】(4人分)

たくあん…長さ8cm
チンゲンサイ(大)…3株
豆板醤(とうばんじゃん)…小さじ1
サラダ油…大さじ1

●市販のたくあんを使用する場合は甘くない物を選ぶ。

切り干し大根のキムチあえ

食卓にもう1品ほしい時、さっと作りましょう。

【作り方】

1. 切り干し大根は水に漬けもどす。水気を絞って食べやすい長さに切る。
2. キムチも食べやすい大きさに切る。
3. ボールに切り干し大根とキムチ、ゴマ油小さじ2を入れて混ぜ合わせる。
4. 器に盛り、白すりゴマと小口切りにした万能ネギを散らす。

【材料】(4人分)

切り干し大根…50g
白菜キムチ…100g
ゴマ油…小さじ2
白すりゴマ…大さじ1
万能ネギ…3本

●切り干し大根は戻し過ぎないようにする。

枝豆とたくあんのいためもの

ビールのおつまみにどうぞ。

【作り方】
1. たくあんは小さめのさいの目に切り、水に浸して塩を抜く。1時間ぐらいしたら、固く絞って水気を絞る。
2. ショウガはみじん切り、赤トウガラシは種を出して小口切りとする。
3. 鍋にゴマ油を熱し、2のショウガ、トウガラシを加えて辛味を出し、枝豆とたくあんを加えてさっといためる。薄口しょうゆと酒も入れ、火を止め、花かつおを入れて混ぜ、器に盛る。

【材料】(4人分)

枝豆…2/3 カップ
たくあん…7、8 cm
ショウガ…ひとかけ
赤トウガラシ…1 本
ゴマ油…大さじ 2
花かつお…少々
薄口しょうゆ…大さじ 1
酒…大さじ 1

●枝豆はゆでた豆のみ使います。枝豆が無い季節は冷凍の枝豆を使ってもよいでしょう。

クッキング

干物入り漬けものずし

さっぱりとした漬けものずし。味の決め手は干物です。

【作り方】
1. 米は昆布を入れて堅めに炊き、熱いうちに合わせ酢をかけ、冷ます。
2. 新鮮なアジの干物を焼き、骨がないように身をほぐす。しらす干しはさっと湯に通す。
3. キュウリはらせん状に切り、塩水に漬けて陰干しし、1cmほどに切る。
4. 青ジソは千切りにして、水にさらす。
5. しば漬けは細かく適当に刻む。
6. 人肌に冷ましたすし飯に②と③の具を混ぜて器に盛って、青ジソの水気をよく絞ってたっぷりとかける。

- しば漬けは市販のものを使えば、手軽にできる。
- キュウリは生より、少し干した方がカリカリと歯ざわりがよい。

【材料】(4人分)

米…3合
水…3合
昆布…5cm
合わせ酢
　酢…70CC
　砂糖…大さじ2
　塩…小さじ2
　化学調味料…少々
アジ干物(中)…2枚
しらす干し…大さじ3
しば漬け…100g
キュウリ…1本
青ジソの葉…3枚

ザーサイの混ぜご飯

食欲の無い夏場などに、あっさりとした混ぜご飯。

クッキング

【作り方】
1. ザーサイはさっと洗って、みじん切りとする。ショウガもみじん切り。
2. 青ジソは千切りとし、さっと水に通して水気を絞る。
3. 炊きたてご飯に 1 と青ジソを半分混ぜ、器に盛って残りは上にのせる。

【材料】（4人分）

ご飯（炊きたて）…4人分
ザーサイ…40ｇ
ショウガ…30ｇ
青ジソの葉…2把

●おにぎりにすると食べやすく、ちょっとした夜食にもなる。

豚肉と高菜漬けのいためもの

漬けものといためものは相性抜群。ビールのおつまみに。

【作り方】

1. 豚肉は適宜、包丁を入れてAの調味料で下味をつけておく。
2. 高菜は細かく切って、たっぷりの水に漬けて2、3時間、塩出しをする。
3. フライパンにごま油を熱し、1の肉を入れ、焦げ目が付く程度にいためる。
4. 塩出しした高菜を固く絞って加え、トウガラシ1本入れ、さらによくいためたら、ポン酢を入れる。

 ●高菜の塩出し具合でポン酢は加減する。

【材料】(4人分)

豚こま切れ…200g
A ┃ 酒…小さじ1/2
　 ┃ しょうゆ…小さじ1/2
　 ┃ ショウガ汁…小さじ1/2
　 ┃ 片栗粉…小さじ1 1/2
高菜漬け…250g
　（他の漬け菜でもよい）
赤トウガラシ…1本
ごま油…適量
ポン酢…大さじ1 1/2

エノキダケのカレー甘酢漬け

カレー風味にごはんが進むこと間違いなし。

【作り方】
1. エノキダケは根元の方を2cmくらい切り落として熱湯をくぐらせ、すくいあげてざるに広げ冷ましておく。
2. カレー粉を酢で溶き砂糖、塩をよく混ぜ合わせ、1をふた物などに入れてカレー甘酢を注ぎかけ、混ぜ合わせて小皿などで軽い押しぶたと重石をして1日ほど漬け込む。
3. 干しキクラゲはきれいに洗って水に半日ほど漬け、やわらげて細く切る。
4. サヤインゲンは塩を少量落とした熱湯でゆで水にとって冷まし、水気をふき取って斜め切りにする。
5. 漬けておいたエノキダケとキクラゲを混ぜ、汁ごと盛りつけ4を天盛りのように飾る。

【材料】

エノキダケ…200g
酢…大さじ5
砂糖…大さじ3
カレー粉…小さじ1
塩…小さじ1/2
干しキクラゲ…少量
サヤインゲン…少量
塩…少量

● 2、3日はカレーの風味もよく、また歯ざわりのよい漬けものとして食べられる。

堅豆腐のみそ漬け

ほかの野菜と合わせ、レタスで巻いておつまみに。

【作り方】

1. 堅豆腐を厚さ半分に切って熱湯で湯がいた後、ふきんに挟んで、軽い重石をのせて水気を切る。
2. 普通の赤みそに八丁みそを加え、酒と砂糖をよく混ぜ合わせる。
3. 1の堅豆腐が十分に冷めたら、漬け床にみそを厚さ約1.5cm入れ、昆布を1枚乗せてガーゼを敷き、豆腐を並べて入れる。豆腐の上にガーゼを被せ、残りのみそを丁寧に広げ、昆布1枚乗せて1晩置く(漬けすぎないように)。
4. 漬け床から豆腐を出し、厚さ3、4mmの刺身状に切る。

【材料】

堅豆腐…1丁
昆布(長さ10cm)…2枚
みそ
　赤みそ…300g
　八丁みそ…100g
　酒…大さじ3
　砂糖…大さじ2

●そのまま食べても良いが、7、8mmの棒状に切って、セロリやキュウリの薄切りと一緒にレタスに巻いて食べると、みそ漬けにした豆腐のチーズのような味わいを楽しめる。少し塩辛いが野菜と一緒に食べると食べやすい。

キムチの炊き込みご飯

そのまま食べてもおいしいが、お勧めはレタス巻き。

【作り方】
1. 米は洗って目盛り通りに水加減しておく。
2. キムチは2、3cmのざく切りとする。
3. 牛肉は幅2cmに切り、フライパンにごま油大さじ2を入れ、中火でほぐしながらいためる。色が変わったら、大豆もやしを加え、さっといためる。
4. 1に酒大さじ2、しょうゆ大さじ1を加えて混ぜ、キムチの1/2の分量と2、牛肉を入れ、炊飯器で炊く。
5. ご飯が炊きあがったら、残りのキムチを加えて全体をさっくり混ぜる。器に盛って白ゴマを振る。
6. ミツバは2、3cmの長さに切り散らす。サニーレタスはよく洗って添え、5のご飯をレタスに包んで食べる。

【材料】(4人分)

米…3合
白菜キムチ…200g
牛うす切り肉…200g
大豆もやし…1袋(200g)
白いりゴマ…大さじ2
サニーレタス…適量
ミツバ…適量
ごま油…大さじ2
酒…大さじ2
しょうゆ…大さじ1

- キムチは家庭では材料もそろえにくく、作るのにも手間がかかるから、市販品で好みのものを使った方が簡単に作ることができる。
- ミツバの代わりに、セリやカイワレ大根を使ってもよい。

クッキング

キムチ入りクリームご飯

キムチもアレンジ次第で洋風料理に。

【作り方】
1. キムチは粗く刻んでおく。ベーコンは幅1cmに切る。
2. フライパンにバターを熱し、ベーコンとエビのむき身を加え、①のキムチを漬け汁ごと入れていためる。酒としょうゆ、牛乳を加え、刻んだ固形のシチュールーを入れ、中火で煮込み、とろみがついたら味見をする。足りなければ、塩こしょうで調整する。
3. 器にご飯を盛り、キムチ入りクリームをかけ、小口切りにした万能ネギを散らす。

【材料】(4人分)
キムチ(市販のものでよい)…400g
ベーコン…4枚
バター…20g
エビ(むき身)…120g
酒…大さじ1
しょうゆ…少々
固形のシチュールー…20～30g
牛乳…200cc
万能ネギ…2本
炊きたてのご飯…4杯分

●キムチは市販のものでもよい。

もやしの中華風早漬け

食欲がわいてくる1品。さっと作りましょう。

【作り方】
1. もやしは根を取り除き、塩少々を入れた湯でさっとゆでる。ざるに上げたら、水をかけないで冷ます。
2. ネギは青い部分も薄く斜め切りにし、ニンニクは包丁で叩きつぶしてみじん切り。赤トウガラシは種を出し、小口切りにする。
3. Aの材料で合わせ酢を作り、①②と混ぜ合わせ、白ゴマを振る。

【材料】
もやし…400g
ネギ…1本
ニンニク…1かけ
赤トウガラシ…1、2本
白ゴマ…大さじ1½
A ┌ 酢…大さじ4
　├ 砂糖…大さじ1½
　├ 塩…小さじ¼
　├ 薄口しょうゆ…大さじ2
　└ うま味調味料

●もやしの根は丁寧に取ることで、食感がよくなる。

イワシの梅煮

火加減に気を付け、煮くずれないように注意しましょう。

【作り方】
1. イワシはうろこを取り、頭、ワタを取り出して流水で腹の中をよく水洗いする。
2. 中心に向かって縦に切り目を入れたタケノコの皮を底広の浅鍋に敷く。
3. 2の上に1のイワシを並べ入れ、鍋の水と酢、種を出した梅干しを加え、落としぶたをして中火にかける。
4. 10分ほどしたら、Aの調味料を加え、しばらく煮含める。汁が煮詰まってきたら、Bの調味料をさらに入れ、焦がさず煮くずれないように火加減を調節しながら、煮詰める。

●イワシが生臭いと思う人は、水気をふき、160～170℃の油で一度、揚げてから同じように煮てもよい。

【材料】(4人分)

イワシ(中)…8～12匹
梅干し…3、4個
水…適量
酢…1/4カップ

A
- しょうゆ…1/4カップ
- みりん…1/4カップ
- 砂糖…大さじ1

B
- 酒…1/2カップ
- みりん…大さじ2

木の芽…適量
タケノコの皮…1枚

クッキング

クッキング

モダツの柿の葉焼き

能登ならではの魚の保存食。

【作り方】

1. 輪島沖の舳倉島、七ツ島付近で、初夏からとれるモダツ(ウミタナゴの一種で体長15cm位の小鯛を薄くしたような魚)は、脂が多く早く鮮度が落ちるのですぐ塩漬けにする。秋まで3カ月ほどしっかり重石をしておく。
2. 塩漬けしても焼くと身がもろくこわれやすいので、たっぷりついている塩をさっと洗い流し、水気をふいてから柿の葉に挟んで焼く。葉の香りが魚の塩辛さをやわらげ、酒の肴やごはんにも合う。

【材料】

モダツ…50尾～100尾
塩…分量の30%～35%
柿の葉…適量

●酢に浸して塩味をやわらげ丸ごとかじったり、刻んで酒に浸して食べてもよい。

干しぐきの香ばし和え

塩漬けにした野菜の葉の漬けものを使った五箇山の伝統食です。

【作り方】

1. 干しぐきを熱湯に漬けておく。やわらかくなったら漬け汁を捨てる。
2. 水を入れて3cmに切ったくきを煮立て、やわらかくなるまで煮る。
3. 砂糖、しょうゆ、酒、みりんで味付けをして弱火でことこと煮込む。
4. 器に盛り付ける時に香ばしをふりかける。

（情報提供： 平村食生活改善推進協議会）

【材料】

干しぐき…1株
砂糖…大さじ1/2
しょうゆ…大さじ1
酒…大さじ1
みりん…大さじ1/2
香ばし（カボチャの種の中身）
　　　　　　　…小さじ1

●くきとは葉の漬けもののことで、五箇山では白菜としゃくし菜が使われる。この料理では、主にしゃくし菜の塩漬けを干した物を用いる。

問い合わせ先

南砺市観光協会五箇山支部
五箇山総合案内所

富山県南砺市上梨754
TEL　0763(66)2468

クッキング

【伝統の逸品】

おいしい漬けものに欠かせないのは、ふるさとの素材と伝統の技法、経験に裏打ちされた匠の堪。多くの人々に愛されている地元の逸品を紹介します。

かぶら寿し

四十萬谷本舗(しじまやほんぽ)

金沢の食文化を代表する一品といえばかぶら寿し。寒くなったら一度は漬けてみませんか。

 漬け時間 **5～10** 日

【材料】(3kg分)

カブ…20切 (10玉分、生のもの約4kg)	こうじ…500g
塩…かぶらの重量6% (240g)	米…5合 (炊きたてのもの) 1.5kg
ブリ…400g	ニンジン…0.5本

かぶら寿し
100g　583円(税込)

伝統の逸品

―― 問い合わせ先 ――
四十萬谷本舗
石川県金沢市弥生1-17-28
TEL　076(241)4173

【作り方】

※ブリの塩漬け
❶ブリは7～10kgくらいで丸みを持ったものを選ぶ。必要な分だけ、切ってもらうと良い。
❷塩はブリの重さの20％以上で漬け、重石は2.5～3倍とする。
❸14～40日間ほど漬け込む。

※こうじの準備
❶こうじとごはんを混ぜる。炊きたてのご飯は65～70℃まで温度を下げる。
❷混ぜ合わせて2～4時間、保温する。
❸保温した後は、自然冷却させる。

※カブの塩漬け
❶7～10cmのカブを横に2つ切りし、3/4まで切り目を入れる。
❷下漬けはカブの分量に対して4％の塩で漬ける。重石は重量の2～2.5倍のもので2日間漬ける。
❸下漬けしたカブを別の容器に空け、2％の塩で2日間漬ける。

※仕上げ
❶塩漬けしたカブに塩漬けしたブリを挟む。
❷ブリを挟んだカブの切り口を下に向け、花びらのように容器の外側より内側へと並べる。
❸1段ごとにこうじをのせる。こうじはカブ全体に付くようにする。
❹全体にこうじを付けたら、千切りにしたニンジンを乗せる。
❺2段目、3段目と繰り返し、カブの分量と同量の重石を乗せる。

●塩漬けしたブリをカブに挟む前に、さっと水洗いし水分をふき取ること。

伝統の逸品

地元産の百万石青首かぶら。白カブと青カブを合わせたもので、瑞々しく歯ざわりがよい。

医王山胡瓜粕漬
四十萬谷本舗

ご飯はもちろん、酒の肴にもぴったり。

伝統の逸品

【作り方】
1. キュウリは洗って塩をまぶし、重石をして10日間漬け込む。
2. 塩漬けが終わったら、約半日陰干しにする。
3. 容器に酒粕を敷き、その上にキュウリ、酒粕、キュウリと交互に漬け込む。
4. 約1カ月後にもう一度酒粕に漬けなおす（2度漬）。

 ワンポイント ONE POINT
- 1カ月後、食べごろとなる。
- お好みで、酒粕に砂糖、はちみつなど加えると、甘口の粕漬に仕上がる。

医王山胡瓜粕漬
100g　648円(税込)

【問い合わせ先】
四十萬谷本舗
石川県金沢市弥生 1-17-28
TEL　076(241)4173

 漬け時間　**1カ月**

【材料】
キュウリ…2kg　　酒粕…2kg
塩…400g　　（一回の分量）

金澤ぴくろす

四十萬谷本舗(しじまやほんぽ)

見て楽しい食べて楽しい1品。サラダ感覚でどうぞ。

【作り方】
① 野菜は、食べやすい一口サイズに切る。
② 切った野菜が容器に浸る位の塩水（4％）に2日間漬け、冷蔵庫で保管する。
③ 容器に野菜と、酢、水、砂糖、塩を入れ、1晩冷蔵庫に入れ、翌日には食べられる。5日間ほどで食べきること。

● お好みで、酢や砂糖を加えたり、自分好みの味付けができる。

伝統の逸品

金澤ぴくろす
1袋（120ｇ）　432円（税込）

問い合わせ先
四十萬谷本舗
石川県金沢市弥生1-17-28
TEL　076（241）4173

漬け時間 **1晩**

【材料】
大根、キュウリ、ニンジン、パプリカなどお好みの野菜
酢…250cc
黒酢…小さじ1
水…100cc
砂糖…小さじ2
塩…小さじ2

大根ずし

杉(すぎ)の井

かぶらずしよりも歯ごたえのある大根ずし。金沢の料亭では、冬には欠かせない一品となっています。

伝統の逸品

 漬け時間 **7〜10**日

【材料】 ※大根を漬け込む容器の大きさによって、分量を調節すること。

- 大根…10 kg（6〜7本）
- こうじ…1800 g
- ご飯…1升6合
- 身欠きニシン…8本
- ユズ(大)…2個
- タカノツメ…20〜30本
- ニンジン…2/3本(太さ大きさによっては1本でもよい)
- 塩…大根の量の3〜5%

問い合わせ先

日本料理　杉の井
石川県金沢市清川町 3-11
TEL　076 (243) 2288

【作り方】
① 大根は太めの短冊状に切り、3、4日塩漬けにする。漬け終えたら、ざるに上げて水気を切る。
② ニンジンは拍子切り(マッチ棒サイズ)、タカノツメは小口切り、ユズは皮の部分を残すように薄く切る。1cm幅に切ったニシンは1晩、米のとぎ汁に漬け、くさみやうろこを取って軟らかくする。
③ こうじは漬ける前日に準備する。軟らかめに炊いたご飯にこうじを入れ、容器を新聞紙や毛布などでくるみ、暖かい場所に1晩置く。
④ 漬け込む容器にまずこうじを入れ、次に大根、そして、ニシン、ニンジン、ユズ、タカノツメの順で入れる。また、こうじから順に繰り返し、最後はこうじでふたをし、重石を乗せて7-10日間、漬け込む。

⑤ 漬け込み期間中はこうじの上に水が出てくるので、タオルや布でこまめに吸い取る。漬け始めのころは容器を傾けると、中身ごと流れるので気をつける。ある程度、固まってきたら、容器を傾けて水を捨てても中身は出ない。水が出なくなったら、食べごろ。

- ご飯にこうじを入れた後にさっと熱湯をかけると、良いこうじができる。
- 家庭で作る場合は、卓上漬けもの器を使い、冷蔵庫で保存しても良い。

かぶらずし
1枚　800〜1000円(税別)

大根ずし
100g　600円(税別)
(販売は200gから)

伝統の逸品

十字屋 ぶりの味噌漬

こうじみそに漬け、ブリのうま味を凝縮。海の幸を存分に堪能できる一品です。

【作り方】
1. ブリは軽く塩を振っておく。
2. ブリをブレンドみそに漬け、冷蔵庫で1週間寝かす。
3. 食べる時は焼いて食べること。

ワンポイント ONE POINT
- 漬け込む容器にはなるべく空気が入らないようにする。
- 天然ブリの場合は漬け込む日数は3、4日でよい。

ぶりの味噌漬
1枚　1080円(税込)

問い合わせ先
十字屋
石川県金沢市利屋町リ34
TEL　076(258)1470

漬け時間　1週間

【材料】
ブリ(畜養)…120ｇ
ブレンドみそ…140ｇ
(こうじみそ8、9割に白みそと酒粕、砂糖を加える)

伝統の逸品

伝統の逸品

十字屋 いなだ

魚を塩漬けにして発酵させたいなだは藩政期、前田家から徳川家への献上品だったと言われる由緒正しい一品です。

【作り方】
❶ブリは下あごの部分を切り落とし、頭の部分を縦に割るように包丁を入れて3枚におろす。
❷背中側の皮をはぎ、背に切り目を入れたブリに塩をすりこみ、冷蔵庫に1昼夜もしくは2昼夜置く。
❸塩漬けしたブリは1カ月半ほど屋外で天日干しにする。
❹食べるときは薄く削る。

ワンポイント ●塩の量は焼き魚より薄塩を目安とする。

削りいなだ
40g　1080円(税込)

問い合わせ先
十字屋
石川県金沢市利屋町リ34
TEL　076(258)1470

 漬け時間　**1** カ月半

【材料】
ブリ…1本(7〜10kg)　　塩…適量

カタウリの奈良漬け
あきや
伝統の逸品

小松市産の野菜と太陽の恵みを利用した一品。味はもちろん、ぱりっとした食感がやみつきになります。

【作り方】
1. ウリを縦に2つ割りし、貝殻で種を取り出し、塩をその中に埋めるようにすり込む。重石をして2～3日漬け込む。
2. 塩漬けしたウリは、塩が残っている場合は塩水で洗い流す。7月下旬から8月上旬の2日間で晴天の日を選び、天日干しをする。
3. 初日朝方は背中を干し、午後になったら裏返して腹の方を干す。2日目も同様に干し、真っ白になったら引き上げる。
4. 容器にまず酒粕を入れ、その上にウリを並べ、それを繰り返し一番上に多めに酒粕を入れる。2、3カ月漬け込めばきれいなべっ甲色となる。
5. 食べるときは酒粕を取って、スライスする。

カタウリの奈良漬け
半割　540円(税込)

問い合わせ先
あきや
石川県小松市梯町イ61-1
TEL　0761(22)0246

漬け時間　2カ月～1年

【材料】※カタウリを漬け込む容器の大きさによって、分量を調節すること。
カタウリ…15個
塩…ウリ1フネにつき、くぼみにすりきり1杯ずつ
酒粕…10kg(ウリの大きさにより加減する)

●ウリは若い熟す前のものを使えば、天日干しした時に真っ白になる。

らっきょうの甘酢漬け

菱富食品工業

歯切れの良いらっきょうは、冷蔵庫で少し冷やすと風味もより増します。

【作り方】

① 泥つきらっきょうを水洗いし、広口びんなどに材料欄「塩漬けらっきょう」の分量を入れ、落としぶたをして漬け込む。乳酸発酵は泡が出て約2週間で終わるが、より熟成した味にしたければ、冷暗所か冷蔵庫でさらに約1カ月間、保存する。

② ①の原料をひげ根や茎を切り落とし、薄皮をむいて洗った後、約1日かけて冷水で塩抜きする。実際にかんで余り塩辛くない程度（塩分約4％）に調整する。

③ 塩抜きしたらっきょうに調味液を入れ、落としぶたをして10日ほど置けば、味がしみこむ。

 ワンポイント
● 好みで調味液にトウガラシを3〜6本入れてもよい。
● 完成品は冷蔵庫に入れれば1年は持つ。

 漬け時間 **10** 週間

【材料】

塩漬けらっきょう
　らっきょう…2kg
　塩水
　　水…3カップ
　　塩…300g

調味液
　砂糖…400g
　醸造酢…1カップ
　はちみつ
　　　小さじ約1
　湯…1カップ

塩抜きした
　らっきょう…1kg

問い合わせ先

菱富食品工業
富山県高岡市二塚205-8
TEL　0766 (63) 4750

伝統の逸品

赤かぶの酢漬け

JAなんと　上平野菜山菜加工場(かみたいらやさいさんさいかこうじょう)

五箇山を代表する漬けもの。
さっぱりとした味わいが特徴です。

【作り方】
① 赤かぶは小さいものならそのままで、大きければ半分に切って塩漬けにする。（4〜5％）
② 1週間ほどして、漬け汁が上がったらざるに取り出す。
③ 食べやすい大きさに切って、砂糖、酢、酒を入れて漬け込む。好みでたかのつめを入れると一層おいしくなる。

 ●味付けをした後の重石は軽くてよい。

赤かぶの酢漬け
350ｇ　640 円(税込)
200ｇ　450 円(税込)

問い合わせ先
JAなんと　上平野菜山菜加工場
富山県南砺市下島789
TEL　0763 (67) 3443

伝統の逸品

 漬け時間 **1** 週間

【材料】
赤かぶ…7、8個　　酒…大さじ1
塩…1つまみ　　　 砂糖…大さじ1
酢…大さじ2　　　 タカノツメ…適量

赤かぶの漬けもの

平村食生活改善推進協議会

五箇山では家庭によって塩加減が異なるので、さまざまな味を楽しめます。

【作り方】
1. 赤かぶは洗って薄切り、葉はざく切りにする。
2. 容器にかぶを入れ、分量に対して3％の塩を入れ、もんで重石をする。
3. 長期間保存する場合は塩の分量を増やす。

● 残った漬けものを春になったら大きな鍋で煮て、天日干しにする。

伝統の逸品

問い合わせ先
南砺市観光協会五箇山支部
五箇山総合案内所
富山県南砺市上梨754
TEL 0763(66)2468

 漬け時間 1年

【材料】
赤かぶ…適量
塩…赤かぶの分量に対して3％

【制作協力】
　　四十萬谷本舗
　　杉の井
　　十字屋
　　あきや
　　菱富食品工業
　　ＪＡなんと　上平野菜山菜加工場
　　平村食生活改善推進協議会
　　南砺市観光協会五箇山支部

【参考文献】
　　『五箇山たいらの味物語』（平村食生活改善推進協議会）

【監修者略歴】

北村　綾子（きたむら　あやこ）

1931（昭和6）年生まれ。石川県出身。山下料理専門学校（東京）卒業。料理研究家として、20代から金沢を中心に料理教室の講師を務める。著書は『金沢味の四季』『北陸の漬けもの誌』（いずれも北國新聞社）。金沢市在住。

季節ごとに楽しめる
自家製のススメ

北陸の漬けもの

2009（平成21）年11月25日	第1版第1刷
2010（平成22）年1月10日	第2刷
2012（平成24）年10月1日	第3刷
2016（平成28）年2月29日	第2版第1刷

　　監　修　北村　綾子

　　発　行　北國新聞社
　　　　　　〒920−8588
　　　　　　石川県金沢市南町2番1号
　　　　　　電話　076−260−3587（出版局直通）
　　　　　　E-mail　syuppan@hokkoku.co.jp

　　ISBN 978-4-8330-2056-5
　　ⒸHokkoku Shimbunsya 2016, Printed in Japan

定価はカバーに表示してあります。
本書の記事・写真の無断転載は固くおことわりいたします。